清华海峡研究院管理用书

卓越精细化管理实战指南
——完善流程、PMC、效率与品质

楚商智库编委会　组编
邹浩源　著

机械工业出版社

本书是作者二十余年来在企业管理领域的实践总结。全书分 6 章，分别介绍了精细化管理的本源与基石、流程精细化、PMC 的精细化管理、效率精细化和品质精细化。书中结合案例，详细阐述了推动企业开展全面、系统性卓越精细化管理活动所采用的工具、方法与采取的措施。

　　本书可供企业管理人员、精益推行人员使用，也可供高等院校工业工程等专业师生参考。

　　北京市版权局著作权合同登记图字：01-2023-1841 号。

图书在版编目（CIP）数据

卓越精细化管理实战指南：完善流程、PMC、效率与
品质/邹浩源著. —北京：机械工业出版社，2024.4（2025.2 重印）
ISBN 978-7-111-75479-4

Ⅰ. ①卓…　Ⅱ. ①邹…　Ⅲ. ①工业企业管理–指南
Ⅳ. ①F406-62

中国国家版本馆 CIP 数据核字（2024）第 063224 号

机械工业出版社（北京市百万庄大街 22 号　邮政编码 100037）
策划编辑：孔　劲　　　　　　责任编辑：孔　劲　李含杨
责任校对：郑　婕　陈　越　　责任印制：单爱军
北京虎彩文化传播有限公司印刷
2025 年 2 月第 1 版第 2 次印刷
169mm×239mm · 11.5 印张 · 221 千字
标准书号：ISBN 978-7-111-75479-4
定价：69.00 元

电话服务　　　　　　　　　网络服务
客服电话：010-88361066　　机 工 官 网：www.cmpbook.com
　　　　　010-88379833　　机 工 官 博：weibo.com/cmp1952
　　　　　010-68326294　　金 书 网：www.golden-book.com
封底无防伪标均为盗版　机工教育服务网：www.cmpedu.com

编　委　会

编委会主任：王红安

编委会副主任：李心安

编　　　委（按照姓氏笔画排序，排名不分先后）：

许春恭　李东航　范姜锋　罗子珊

郝晋荣　郭光宇

《卓越精细化管理实战指南——完善流程、PMC、效率及品质》这本干货满满的书，是楚商联合会、楚商智库联合推出的第一本管理实践专著。在此，我谨向本书的作者、楚商智库专家邹浩源致以热烈祝贺！向楚商联合会、楚商智库同仁们的努力，特别是机械工业出版社编辑们的付出，表示深深的感谢！

楚商联合会是在湖北省委、省政府亲切关怀下，为天下楚商打造的感情共同体与事业共同体，是天下楚商政企沟通、学习交流、事业发展的公益服务平台。楚商智库是楚商联合会联合国内外知名高校、研究机构、领军企业等多方共建的开放式、综合型应用研究平台，也是楚商崛起和产业发展的最强脑库。本书的出版，无疑是我们更高质量建设联合会和智库的一个良好开端。

"大智云物移"（大数据、人工智能、云计算、物联网、移动终端）正悄然改变着商业竞争的逻辑，已成为我们这个新经济时代经济增长的核心动力之一，必将推动我国工业制造业，特别是一些中小企业，从粗放、低效、高能耗的生产模式，向着高品质、高能效、智慧化的方向发展。但是，"大智云物移"能不能带来人们生产方式的变革呢？这个问题值得我们深刻思考。

我认为《卓越精细化管理实战指南——完善流程、PMC、效率及品质》一书是在新经济的时代背景下，以定义和开拓客户价值、建立业务模式为导向，探讨了5S管理、业务流程、PMC系统、品质管理的本质、方法和实践，试图从卓越精细化管理的角度，探索与研究企业文化、商业向善的管理本质。这是我最为赞赏之处。

以"大智云物移"为特征的新经济，实质上是一场新工具革命，必将催生工业进步的新文明。创新是这场文明的主旋律，也给我们企业带来更大的挑战和更多的机会。如何创新，我还是那句老话，创新就是率先模仿，大事要敢想，小事要一点点做。千里之行，始于足下。

《卓越精细化管理实战指南——完善流程、PMC、效率及品质》是一本始于实践、终于实践，又指导实践的专著。阅读本书大家一定会有新的思考与启发。

楚商联合会会长

陈东升

于北京

制造业是国民经济的主体，是立国之本、兴国之器、强国之基。2015 年 5 月 19 日，国务院正式颁发了中国政府实施制造强国战略的第一个十年行动纲领——《中国制造 2025》，提出了五大工程、十大领域等战略任务和重点，以推动我国从制造业大国到制造业强国的跨越。

笔者于 2002 年回到祖国大陆，在阿迪达斯生产公司——福建清禄鞋业有限公司（以下简称清禄鞋厂）工作近 8 年之久，期间曾在生产管制、CI（Continue Improving，持续改善）、开发技术及六西格玛部门从事管理工作，之后在福建、浙江、广东、上海、湖南、湖北等地做工厂运营管理落地咨询。这 20 年来亲历了国家改革开放的巨变，看到了祖国科学技术日新月异的伟大成就，逐步理解了邓小平同志"科学技术是第一生产力"的深邃内涵。特别是在互联网领域的技术创新，在百年世界科技史上，第一次和国际同步，有些领域甚至领先于国际水平。

在 20 多年来的管理实践和落地咨询服务中，笔者接触过大量的工业企业，深深地为企业家坚韧的创业精神所感动，也为他们不同的境况而感慨万分。他们有的已迈进工业 4.0 的门槛，有的在工业 3.0 徘徊，有的处于工业 1.0 与 2.0 之间。如果企业出现了产品同质化、品质低下，产品价格面临恶性竞争，订单少，设备闲置量大，甚至有订单但无法正常生产、交货等情况，那么仅仅简单地把德国最先进的工业 4.0 直接搬进这些企业就能改变其状况吗？

科技进步和管理进步是实现以工业 4.0 为核心的智能制造的两个车轮。2018 年 10 月 23 日，在天津举办的"第十五届中国制造业国际论坛"上，中国工程院院士谭建荣在其演讲中指出："智能制造是很好，但它也不是医治企业百病的良药，它并不能替代设计技术和制造技术的本身""精益生产和质量工程是智能制造的前提和基础""精益生产既是智能制造的基础，又是智能制造的目标"。

富士康公司的董事长郭台铭在谈到智能制造时也说，如果认为把人换成机器就是智能制造的话，那是大错特错。例如现在的生产率是 60%，而把人撤下来，换成机器之后效率仍然是 60%，那么我们搞智能制造还有什么价值？他进一步强调指出，在我们学了一些欧洲、日本、美国的管理之后，要倡导回归基本面，所谓的回归到基本面就是从基础管理做起，推进 5S 管理、精益化管理及六西格玛管理，中国智能制造才有国际竞争的软实力。

　　《卓越精细化管理实战指南——完善流程、PMC、效率与品质》一书是笔者二十多年来在工业企业管理领域的实践总结和反思，其中没有非常深奥的理论，而是通过浅显易懂的文字介绍了卓越精细化管理的相关知识、观念和落地执行的方法。笔者把实践中最有效的管理成果写出来，奉献给我们正在奋进的制造业企业管理者。

邹浩源

于武汉海峡两岸创业园区

致 谢

《卓越精细化管理实战指南——完善流程、PMC、效率与品质》一书历时四年，三易其稿。本书创作的每一阶段都凝聚着我的同事、朋友和领导的关怀和帮助，我为之感动、感谢和感恩。

第一阶段，初创阶段。在这一过程中，湖北省公共服务特聘专家、武汉市十佳创业导师刘智敏先生，对全书理论框架的形成提出了宝贵的意见，并对文字进行了调整与润色，为本书的创作奠定了重要基础。曾任职于我公司的同事郑占根、陈世安、罗兵，在这一阶段，完成了大量的资料整理工作，保证了本书顺利成稿。在此，我谨向你们表示衷心感谢。

第二阶段，实践创新阶段。在本书修改过程中，我非常荣幸地邀请到湖北省电子信息产品质量监督检验院的徐煦博士、黄浚哲、李杏子、陈国鑫，对初稿的内容再次进行了论证、调整，并将TCL空调武汉智能工厂等实际案例编入本书，极大地丰富了原稿，提高了本书的实用性。在此，我谨向你们致以崇高敬意。

在本书的创作过程中，始终得到机械工业出版社领导和编辑的关怀，他们在书稿创作的不同阶段，给予了重要的具体指导，让我感动、感激。

同时，在本书的创作过程中，还得到了国务院台湾事务办公室、湖北省人民政府台湾事务办公室、武汉市人民政府台湾事务办公室、武汉市东西湖区台湾事务办公室领导的关怀，在这里表示诚挚的谢意。另外，还要感谢海峡两岸创业园台青科（武汉）众创孵化空间王天山先生的支持与帮助。

最后，感谢我的家人在我撰写本书期间所给予的无限包容和支持。感谢我就读于哈尔滨工业大学的爱女邹佳烨对本书封面的设计，以及就读于福州大学的爱女邹佳焱不辞辛劳的校稿。

目 录

精细化管理的本源

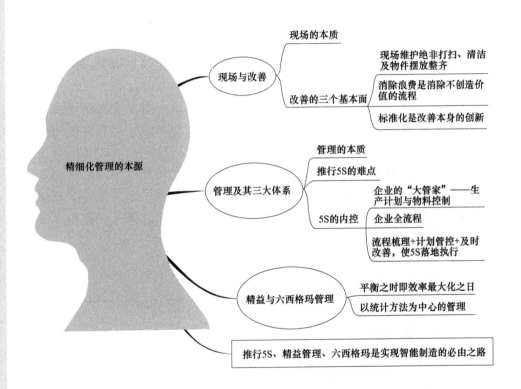

未来已来。当我们很多工业企业还处于工业1.0（机械化）、工业2.0（电气化）时代，正努力向工业3.0（信息化）飞奔的时候，一场以智能制造为重要标志的工业4.0——第四次工业革命，正席卷全球，深刻影响着世界各国制造业的变革和发展，成为各国综合国力竞争的新"战场"。

智能制造是工业化和信息化"两化"的深度融合。消除浪费，降低不良率，提高市场竞争力是制造业亘古不变的目标。控制生产过程的种种变异，不会因为工业4.0而改变其管理的本质，只是让智能制造这一技术革命更加精准。

标准化、数据化、智能化是智能制造的三个重要特征。对量的管理和变异的控制是智能制造的根。"人来完成、数据来完成、系统来完成"三条交叉与融合的路径，因行业不同，而各有侧重和创新。

一个绕不开的共性话题就是现场（时间和空间）和人——创建标准的人、基础建模的人、实现互联互通的人，以及应用场景。如果说客户是上帝，那么现场就是庙，人就是现场的修行者。

正如马克思所说，人是生产关系中最活跃的因素，是生产力的第一要素。智能制造绝不是把人换成机器、一键即出产品那么简单。人在智能制造现场依然扮演着重要的角色。

英飞凌科技公司是世界重要的半导体公司之一，且生产高度智能化，但在全世界的十几个后道生产车间里，真正靠自动化管理执行的数量目前只有27%，大部分还是靠人。相比于连续性生产行业，如食品加工业、烟草行业等，如果实现智能制造，靠智能化来管理执行的比例会更高。

从理论上讲，有钱就能买到智能的系统和装备，但有了这些高大上的人工智能就能消除浪费、降低成本、提高品质吗？显然不能！用钱买不到的最重要的东西就是智能制造的运营管理基础。

千里之行，始于足下。个人相信，具有中国特色的智能制造，一定是以现场管理为基础的"两化"融合，也是本书的立足之点。本章主要是疏理现场管理的常识和基本体系，之后各章的重点在于管理工具落地执行的方法和智能制造与现场管理的高阶指引。

1.1　现场与改善

1.1.1　现场的本质

现场是一个时空概念。"现"就是现在、现时的意思，强调的是时间性。"场"就是场所、地域的意思，强调的是空间性。"现"与"场"就是一定时间的特定空间。对于制造型企业来说，现场就是生产车间。

现场作为管理概念始于日本。《剑桥商务英语词典》对现场的定义是"制造业中事件发生的地方，用来描述制造产品的工人，着重于在制造过程中做出改进"。这一定义抓住了"现场"的精髓——改善。（当然现场还包括更宽泛的场景，如医院、学校、机关等。）

所以，现场就是始终有改善的生产空间，其中改善是核心。

说起"改善"一词，有一小故事。2003年作者参加中国第一届六西格玛黑带大会时，六西格玛创始人之一的 Steve Zinkgraf 先生在会上说，追根溯源"改善"不是日本的"专利"，而是中国人发明的。因为外国人视"改善"为外来语，读成"KAIZEN"（如汉语拼音），就像豆腐一样，豆腐是中国汉朝人刘安发明的，对外国人而言也是外来语，英文发音就是 TOFU。

20 世纪被称作第三次科技革命的重要标志之一的计算机的发明与应用，其运算模式是二进制。二进制是用 0 和 1 两个数码来表示的数，其本质是华夏传统文明中的阴与阳。作为二进制的主要贡献者莱布尼茨于 1716 年临终前，在《致德雷蒙先生的信，论华夏的自然神教》中写道，二进制源于《易经》的过程和途径。中华文明源远流长，改善起于中国，我们应传承并弘扬。

改善是低成本的现场管理方法，效果显著，就像分块切豆腐一样那么简单。请看图 1-1 切豆腐的趣题：

图 1-1 切豆腐模拟

1）将"A"中没有阴影的部分平分切成形状相同且面积相等的两部分。

2）将"B"中没有阴影的部分平分切成形状相同且面积相等的三部分。

3）将"C"中没有阴影的部分平分切成形状相同且面积相等的四部分。

4）将"D"平分切成形状相同且面积相等的七部分。

企业大多数存在的问题都是 A 类和 B 类，这些问题的改善都不需要太复杂的工具；D 类问题，表面上看起来很难，其实只是需要去除僵化的思维即可迎刃而解；只有极少数的 C 类问题，才需要用到专业的管理工具。

解决 C 类问题的方案：先将空白分三等份，然后再将三等份各切一个"田"字，即有 12 小等份，因为要分成四等份，所以每份就是 3 个小等份，如此即可得到形状相同且面积相等的四部分。

改善是一种过程导向的思维方式，用的是概念的常识性工具，通过过程质量管控实现结果质量。改善高度强调从总裁到一线员工的协同、努力和执行，并持续改进和提高现场质量。

在改善的过程中，企业一线员工的单项工作经验是最丰富的，因为他们日复一日地做着同样的事情，对自身职责范围内的工作，是最了解其所具有的改善性的。本书第 5 章介绍的第九大浪费"忽略员工的创造力"就是意指此意。在日本丰田工厂，一线员工的改善提案每月平均约 4.6 个。

1.1.2 改善的三个基本面

现场维护、消除浪费和作业标准化是改善的三个最基本的法则。

1. 现场维护绝非打扫、清洁及物件摆放整齐

维护现场环境的根本目的是让复杂的问题简单化，让作业标准化、简单化、明确、易行，比如新进的员工，一进厂通过简单的培训就可以上岗作业。因此，我们会用到5S的划线管理、定置管理、看板管理等这些最基本的工具。一个良好的现场环境，是一个企业的精神风范，也是一个企业员工高素养的表现。素养既可以说是企业的文化，也可以说是企业管理的"道"。培养员工素养是改善的根本目的，也是难点之一。

2. 消除浪费是要消除不创造价值的流程

举两个作者亲身经历的例子，也是大家可能碰到的现象。

某知名连锁酒店免费赠送给客人使用矿泉水。酒店为了提醒客人，在每个瓶子上都贴有一个"赠"字的标签（见图1-2左图）。如果该连锁酒店每天有一万间客房办理入住，那每天就需要两万个标签（一个房间两瓶），然后还需要安排工作人员去贴。"赠"字的标签与"贴"的这个过程都是所谓的浪费。

图1-2　浪费改善

要消除此浪费只需要设一个位置标示"免赠"两个字（见图1-2中间图），客人自然就会知道是免费的。如此就可以节省标签制作费用和贴标签的人工费，这就是所谓的改善，而且这种改善并没有用到什么复杂的工具，仅仅只是用到了5S里面的目视化看板。更进一步的改善，就是向矿泉水厂家定制（见图1-2右图），印刷时直接标识好，酒店则无须再做标识。

再比如，酒店所提供的早餐券，本身也是一种浪费。为消除该浪费，酒店管理者首先想到的改善方法就是将客人的房号与姓名用A4纸打印出来，客人进入餐厅用餐时报房号，服务人员打钩确认，但此种改善方式仍然存在打印和画钩的浪费。所以为了进一步改善，许多星级饭店会用房卡刷卡用餐，省去了打印纸张和画钩这一流程的浪费。

所有企业创造利润的活动都来自"生产"这个主要环节的现场，其他管理活动都是对现场的支撑与控制。改善在现场无处不在，既是一种工作方式也是一种生活方式。

3. 标准化是改善本身的创新

何为标准化？通俗地讲，它的定义之一就是做一件事的最佳方法。标准化是将产品的技术规范和要求转化成为现场的作业标准，并通过SDCA〔Standardization（标准化）、Do（执行）、Check（检查）、Action（处理）〕循环，使其相对固化，最终作为改善作业的依据。

建立在SDCA基础上的PDCA〔Plan（计划）、Do（执行）、Check（检查）、Action（处理）〕循环，是改善的第一步，也是持续改善的机制，是改善过程中最重要的概念。

SDCA是流程标准化的创建，PDCA是SDCA的执行和改进。SDCA强调维护，PDCA强调改进，维护和改进就成为现场管理者的两项主要管理职责。图1-3所示为改善循环。

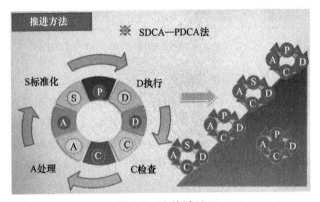

图1-3　改善循环

计划处理意味着改善永远在路上，始于问题，而不止于问题，改进总是有空间的，挑战目标，一轮又一轮地推动PDCA循环，并通过5S管理，实现精益管理和六西格玛管理，走上现场管理的正道。

1.2　管理及其三大体系

1.2.1　管理的本质

管理的目的之一是消除浪费并持续改善。图1-4所示为不同模式下管理的"道"。

台塑集团的王永庆先生采用以利润中心制的创新管理，使企业成为世界的塑胶王国。他把利润中心制分为成本中心制和费用中心制两个部分：生产单位以成本为导向，执行成本中心制；开发技术、生产管制、采购等部门，以费用为导向，执行费用中心制。王永庆先生说：利润中心制的最终目的就是做到人心持续。

人心持续就是中国人所谓的道的概念。一旦企业管理模式能走上"道"，管理就能做到极致。稻盛和夫所提出的以心为本的阿米巴经营模式也是在探索管理之道。5S、精益生产、六西格玛是以改善为导向的管理三大体系。5S的"道"是素养、精益管理的道是以人为本、六西格玛的道是以客户为中心。

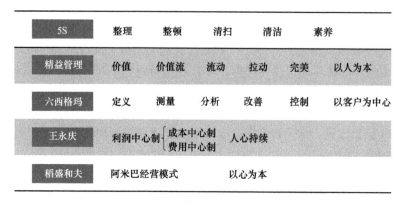

图 1-4　不同模式下管理的"道"

5S 是精益管理、六西格玛的基础。5S 的两大工具是颜色和看板；精益管理的关键在于线平衡的改善方法；六西格玛的主要工具是统计数理方法。5S 管理只用到了加减法，精益管理会用到乘除法，而六西格玛就要用到一些复杂的专业工具。在日本，有许多的企业仅执行了 5S 的持续改善，就达到了世界一流的管理水平。

智能制造的根是量化管理，而不是用信息（IT）系统所采集到的几何尺寸、良品率、效率等各个层级的数据。5S、精益生产、六西格玛是评估智能制造生产模型是否达到运营管理目标的重要方法。

5S、消除浪费、标准化是现场改善的主要活动，5S 是从消除浪费到实现标准化的阶梯。国内企业推行 5S 管理的成功率往往不高，原因是很多企业不了解 5S 真正的含义和方法，误以为把地板扫干净，东西摆好，就是 5S 管理，同时在推行 5S 过程中缺乏流程梳理、生产计划管控与及时改善的强力支撑。如果做不到"形"与内控并行，5S 将注定失败。

1.2.2　推行 5S 的难点

5S 是维护生产环境的 5 个步骤——整理（Seiri）、整顿（Seiton）、清扫（Seiso）、清洁（Seiketsu）、素养（Shitsuke），各自有一个 S 开头的日语名称，所以称为 5S，其中素养是核心。

（1）整理　要与不要的区分管理，这是第一步也是最难的一步。

很多企业在进行整理时，认为许多物件这也有用，那也有用，因此大部分的呆滞品都无法处理，导致整理达不到预期的效果；还有些企业，在确认为红牌物件后，只是把红牌物件转移到红牌区，不再做后续处理。

其实物品转移到红牌区后，要有红牌区的物品管理办法，比如一年内未使用则进行相应的处理。呆滞料、闲置设备不能单纯地只是从车间转移到其他地方，一定要有具体的处理方案及完成方案的时间。

　　5S 整理工作必须由整厂的所有单位同时推进，若分区进行 5S 整理，可能会出现 A 车间整理时将呆滞料、闲置设备转移到其他车间，待其他车间整理时又将其转移回 A 车间的现象，从而不能从根本上达到整理的效果。

　　（2）整顿　应站在新人的角度去实施。

　　也就是说，当新人来到现场后，不用询问其他人员，现场人员也无须讲解、指引，根据现场标识就可找到所需的材料、工具或者产品。所以整顿的定置管理（定品、定位、定量）做到位后，就可以知道在哪里、有什么、有多少，然后可以直接去取用，用完之后归还到位。

　　（3）清扫　从厂区的布局规划开始。

　　将厂区布局图分成一个个大区域，比如冲压区，其中有很多机器，把机器分类、编号，定义出责任区，再将机器和区域的管理责任落实到部门和人。

　　（4）清洁　标准化和制度化建设。

　　清洁不是打扫卫生、整理干净的意思，而是把整理、整顿、清扫三个动作相对固化下来，形成标准化和制度化，并持续改善。目视化管理就是一目了然的管理工具。人类收到信息的 80% 来自眼睛，利用颜色的方法去做目视化管理，能起到事半功倍的效果。

　　在许多工作现场都会有不同的监控仪表，如告知员工压力表显示为 3~5 个大气压时属于正常，温度为 20~25℃ 属于正常。为防止员工出现错误判断造成产品缺陷，首先将压力表显示 3~5 个大气压及温度 20~25℃ 标示为绿色，其他的部分都标示为红色；然后再告知员工，指针在绿色区域标识视为正常，指针在红色区域是异常，一旦有异常须尽快处理。

　　（5）素养　5S 的"道"。

　　素养是从整理、整顿、清扫、清洁实践中慢慢形成的。若 5S 管理工作能做到像早上起床就刷牙、洗脸一样，那么素养就会慢慢地养成。5S 是所有管理的基础，5S 水平的高低，代表着管理者对管理认识的高低，其水平制约着国际标准化组织（International Organization for Standardiztion，ISO）、全员生产维护（Total Productive Maintenance，TPM）、全面质量管理（Total Quality Management，TQM）等活动能否顺利、有效地推行。通过 5S 改善活动，全方位提高企业"体质"，则会起到事半功倍的效果。

1.2.3　5S 的内控

　　如果企业内控不到位，那么 5S 也很难落地。

1. 企业的"大管家"——生产计划与物料控制

　　在许多企业里，总能听到高层管理人员报怨：物料不能及时到位，生产进度跟不上；品质出现问题，出货期不能满足客户的要求。这些问题产生的原因有以下两个方面：

（1）职能缺失　有些企业没有一个统一安排计划的部门，销售的订单直接下发到车间，由车间自行安排生产。车间凭感觉、凭自己的喜好安排生产，好做的产品抢着做，不好做的不做或是反复催了才会做。车间各自为政，只考虑自己车间的生产，不考虑与其他车间的生产配套，生产出一大堆在制品，却无法组装成成品。而且没有专人去追踪生产进度，异常也没有相关部门协调处理，到了交货期产品仍在生产线上。

（2）标准缺失　有些企业虽然有计划部门，但也只是按照客户的交期来进行排产，只有成品计划，没有前车间或前工序的计划；有些企业的计划虽然是按照工艺流程，由后面的成品计划倒推前面各工序的计划，但因为基础数据缺乏，没有工序完成所需的时间，也只是凭经验去排产，甚至连经验都没有，只是凭感觉去排产。结果还是会出现经常性的停工待料、产品无法按期交付。因此，生产计划要想真正做好，先决条件就是要有各工序工作站的标准工时。

生产及物料控制（Production Material Control，PMC）部门横跨生产管制和物料控制两大系统，与设计、开发、技术、工业工程（Industrial Engineering，IE）、成本、营销、业务、计划、采购、仓库、品质、生产、仓储、设备、行政人事等部门有直接或间接的从属关系，也就是当计划出现问题时，必定是某个部门发生了异常所导致的。所以 PMC 必须要明确本部门的工作职责和工作流程，而且要有自身的生产管制排程制度，甚至系统。PMC 除了管控生产的进度之外，更要管控好开发技术的进度，如此才能保障企业生产的正常运行。

2. 企业全流程

现在一些企业以为自己的流程体系健全，但在管理方面却很粗放，主管在想战略，老板们却在做主管的事，疲于奔命地去协调、管控，根本谈不上管理流程，造成了严重的资源浪费。

有的企业体系资料很丰富，规章制度很健全，但仅仅只是停留于书面上，放置在柜子里面专门应付检查，平常运行的流程、体系又是另外一套。

许多企业认为购买物料需求计划（Material Requirement Planning，MRP）系统或者企业资源计划（Enterprise Resource Planning，ERP）系统之后，企业的工作流程自然就会顺畅，其实不然。甚至有可能在系统安装使用后，未减少任何工作流程，反而增加了专门的系统操作人员。

还有些企业在系统运行后发现与现有流程冲突，为了规避问题，在系统工作流程审核完成后，再打印，重新审核、签字；甚至有些企业的系统人员因变动较大，在人员交接时未对新员工进行专门的培训，基本靠新员工自己摸索，造成部门与部门之间的沟通不顺畅，严重影响了工作效率。

出现以上情况的主要原因是企业忽视对流程的梳理与再造，从而无法形成企业内合理的工作流程。图 1-5 所示为企业各部门全流程串接示意图，其中每个步骤、决策点又有相应的子流程。

例如开发技术部的步骤——产前试做阶段；生产单位的决策——首样确认，若每一个子流程平均有 10 个步骤，则企业的全流程就将近有 6000 个以上的程序。梳理再造一个企业的全流程实属一项大工程。全流程的串接图可协助企业在发生异常时，快速找出问题点，而且是建构 ERP 系统的依据。

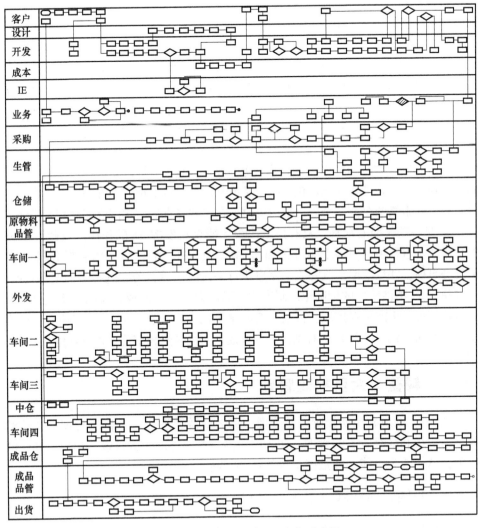

图 1-5　企业各部门全流程串接示意图

3. 流程梳理+计划管控+及时改善，使 5S 落地执行

5S 管理工作的重点在于落地执行。执行不是单靠一个部门便能够达成的，也

不是只有现场的各车间执行就可到位，而是需要企业所有部门和人员的共同参与。

5S 管理工作要能落地执行，还包括了相应部门的内控与改善，也就是要有流程梳理再造、计划管控与急迫性的改善。如果只是做"形"的改善其实很容易，多安排几位搬运工把东西摆放整齐、清洁工把地面扫干净就可以了。但是，如果没有内控去做"形"上的改善，要不了几天"形"的改变也会无法维持。例如 PMC 不做计划控制，任由生产线自行安排生产，生产线马上就会堆积大量的原材料、在制品、成品等。若希望 5S 的管理能做到"形"上的改善与维持，就必须做到 5S"形"的改善与内控管理并行。

现在大部分的企业常因为工艺问题、品质问题而停线，使物料堆放在现场，直接增加了 5S 管理工作的难度。所以 5S 推行需要开发、技术等部门的直接参与，若工艺、技术部门的物料清单（Bill of Material，BOM）表、标准作业程序（Standard Operating Procedure，SOP）、检验规程（Standard Inspective Procedure，SIP）是完善的，就一定能协助 5S 管理工作，让 5S 推广工作成功进行。

许多企业出现异常后，各个部门之间相互扯皮、推诿，没有相关单位人员去协调，造成生产物料的堆积、人员的等待等浪费，其主要原因是工作执掌定义不明确，工作流程不合理，职能衔接没有定义清楚。当一件事情一个部门管时，责任明确；当一件事情两个或两个以上部门管时，在出现异常后，部门之间会相互推诿。

5S 是一项长期的活动，只有持续改善才能真正发挥 5S 的作用。因此，在 5S 的日常改善过程中，对各个部门发现的问题要及时进行汇总，形成各部门需要改善的交办事项，并且限期整改完成，完成执行一段时间后，若无进一步的改善空间，就要建立 5S 清洁阶段的标准化、制度化，而后再进一步形成公司的体系文件。通过流程管理、生产物料控制、再结合交办事项的立即改善，5S 的推广便有可能在很短的时间（约 1 个月）内看到初步的成效，而且也能真正落地执行到位。

1.3 精益与六西格玛管理

如果 5S 的改善是初级阶段的管理，那么精益管理和六西格玛管理就是持续改善的中级和高级阶段的管理。初、中、高三级管理的无缝连接，形成了知识的传承，从而成为智能制造数据集成的重要基础。

1.3.1 平衡之时即效率最大化之日

精益管理，是一个追求平衡的理念，和木桶定律（见图 1-6）如出一辙。一个木桶盛水多少，并不取决于桶壁上最长的那块木板，而取决于桶壁上最短的那块木板，这一规律我们称之为"木桶定律"。

木桶定律揭示了 3 个概念：只有桶壁上所有木板都一样长，木桶才能盛满水；其他木板长出最短木板的部分是没有意义的，而且长出越多，浪费就越大；提高木桶容量最有效的办法就是设法加长最短木板的长度。

比如到银行办信用卡，办卡之前先要输入资料，需要 10min 的输入时间，而制作卡片需要 15min，如此，1h 就只能办 4 张信用卡，所以为了实现每小时办卡效率的最大化，就必须把制卡时间缩短到 10min 以下。

对于企业而言追求的就是生产线的平衡，它是指构成生产现场各个工序工作站所需的时间处于平衡状态，工作人员的作业时间尽可能保持一致或一定的整数比，从而来消除各个工序间的时间浪费；然后由生产单元扩展到车间内的平衡，进而形成车间与车间的平衡，最后到整个供应链的平衡。

图 1-6　木桶定律

精益管理的基本原则来自泰勒先生的工业工程，并通过丰田生产方式而诞生。1949 年，丰田汽车公司（简称丰田）的生产力是美国通用汽车公司（简称 GM）的 1/9，规模是 1/60；到 1982 年，丰田年产 300 万台，人均产量 55 台，而 GM 的人均产量是 6 台，反超 8 倍。丰田用 33 年的时间追赶，将生产率提升百倍以上（见图 1-7）。

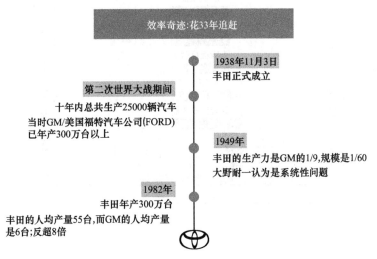

图 1-7　丰田管理的奇迹

精益化管理从始至终的目的就是提升效率，其使用的工具，如快速换模，是为了缩短换型时间；通过多能工的培养，提升生产率；优化设备布局，减少搬运、走动，所有这些都是以提升效率为根本目的，而非品质。

精益管理是衍生自丰田生产方式的一种管理哲学。精益管理由最初在生产系统的管理实践，逐步延伸到企业的各项管理业务，也由最初的具体业务管理方法，上升为战略管理理念。

丰田公司北美区总裁 Terayuki Minoura 在 2000 年时提到：丰田生产系统实际上可称为思维性生产体系。从根本上讲，要真正推行精益生产，公司必须进行思维创新，而要获取成功，则要求各个员工全心全意地为公司，时时刻刻都站在公司的角度进行思考。构筑精益管理的根本在于观念、思维的转变。

5S 是精益之屋（见图 1-8）的地基，两根支柱分别为全面生产维护（TPM）与全面质量管理（TQM），与丰田生产模式的准时制生产（Just In Time，JIT）、自働化[⊖]有异曲同工之妙。JIT 讲究的是及时供应物料，所以一旦停机就无法达到 JIT；全面生产维护与 JIT 的基本概念也是一样；而自働化的"働"就是指能够自动发现品质等异常、自动报警、自动停止，与全面质量管理的原理一样。

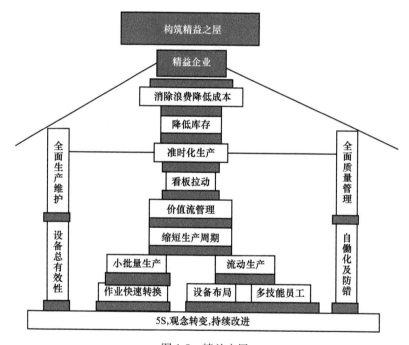

图 1-8　精益之屋

1.3.2　以统计方法为中心的管理

六西格玛与 5S、精益管理一样，它所注重的也是改善，只不过六西格玛有

　⊖　自働化，生产管理领域常用语。——作者注

时候会使用到比较专业的工具，属于知难行易的范畴。为了读者能更容易认识与学习六西格玛，在本书第6章中将列举两个改善案例。

第1个案例为"1万4千多名员工企业就餐时间的改善"，没有用到任何高级工具或晦涩高深的理论，只需要按照六西格玛项目的改善步骤：定义——测量——分析——改进——控制（Define—Measure—Analyze—Improve—Control，D-M-A-I-C），即可得到理想的改善结果。此案例的方法也成功地应用于其他公司，缩短了员工的用餐时间。

第2个案例为"鞋子开胶制程改善"，用到了大量的数据采集、高级流程图（Supplier Input Process Output Customer，SIPOC）流程分析、多元回归分析、控制图和各种实验设计（Design Of Experiment，DOE）等工具和方法，目的就是根因诊断、刨根问底，帮助企业找到更为合适的制程条件和配方比例，进而消除各个环节的浪费。

此案例的方法，可应用在不同类型的企业。以食品厂瓜子口味的改善为例，因不同地区的人对瓜子口味有不同的喜好，通过运用六西格玛的工具，可找出各区域最为合适的口味配方。四川人喜欢麻辣口味、上海人口味偏甜，通过实验设计的方法，可以帮助企业找到更为合适的制程条件和配方比例，以满足人们的偏好。但如果基础管理做得不到位，将麻辣口味的发往了上海，不仅不能增加市场的占有率，反而造成了更大的资源浪费。

六西格玛演绎的就是专业人才培训专业团队，引领企业从传统管理走向量化管理、绩效管理与创新管理的过程。例如通用电气公司（GE）、摩托罗拉、德州仪器、花旗银行、飞利浦等企业皆是如此，企业发展壮大、蜕变升华都离不开六西格玛。

中国各大知名的家电企业都曾经推行过六西格玛，甚至有些企业为了坚定其推广的决心，用名牌带颜色来象征激励——黑色为六西格玛黑带、绿色为六西格玛绿带等，然而到最后还是无法成功推行，其中最大的原因就是各大企业的5S管理仍然还存在改善的空间。

作者曾服务于阿迪达斯清禄鞋厂，并先后担任过生产部门和生产计划部门主管。当时Adidas集团在全世界所属的工厂推行六西格玛，并设立了专门的管理部门。因作者熟悉生产流程、计划管控，再加之曾在学校里教授过统计学，同时有实务的经验和理论基础，为此设立了清禄鞋厂六西格玛部门，并负责统计学、生产管理、生产流程及计划等培训。中国清禄鞋厂也因此成为当时Adidas集团中唯一成功完成六西格玛专案的工厂。

后经数年，因六西格玛无法落实执行到Adidas集团的每一个工厂，所以就暂停了六西格玛专案。近期Adidas集团因品质问题有意重拾六西格玛，但就个人的想法，六西格玛是一定能解决品质缺陷上的问题，但要普及且形成企业文化，有一定的难度。

六西格玛的实施步骤及使用到的工具如图 1-9 所示。

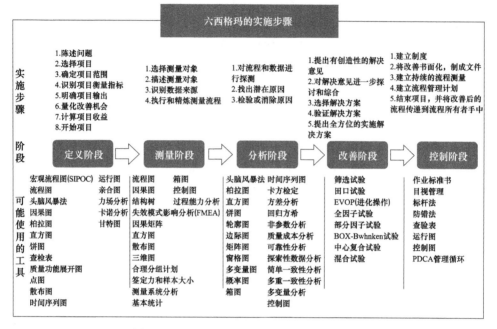

图 1-9 六西格玛的实施步骤及使用到的工具

1.4 推行5S、精益管理、六西格玛是实现智能制造的必由之路

对质量缺陷、精度缺失、设备故障、成本较高、效率低下等问题的发现、了解、认知、解决，避免问题的重复发生的这一过程，是一个知识积累和传承的过程——标准化。

标准化是一个动态的概念，是一个不断探求最佳工艺方法和路径的创新过程，现在我们可以借助大数据分析，精准定义问题，并进行图像化（如编程）和再空间化（如云计算），这一过程就是数据化。

借助工业互联网，部署分布式控制系统（Distributed Control System，DCS）、制造执行系统（Manufacturing Execution Systems，MES）、高级计划与排程系统（Advanced Planning and Scheduling，APS）、设备管理系统（Equipment Management，EM）、产品生命周期/产品数据管理（Product Life-Cycle Management/Product Data Management，PLM/PDM）、实验室信息管理系统（Laboratory Information Management System，LIMS）、仓储管理系统（Warehouse Management System，

WMS）、ERP、供应链管理（Supply Chain Management，SCM）、客户关系管理（Customer Relationship Management，CRM）等信息化工具，把产品研发、生产、供货、销售、使用等全价值链整合到一个灵活、自主、开放的平台之中，实现企业数字化的经营。这一过程就是智能制造的系统化。

标准化、数字化、系统化之"化"是规律。一个国家国情不同，工业化道路不同，科学技术水平不同，有着不同的认知，也就是有着不同制造文化和哲学。但依然在"人来完成，数字来完成，系统来完成"中交融，各有侧重，各有创新，形成不同的智能制造特色。

我们举一个例子来说明：如果生产线上经常发生物料分拣出错，那么解决这一问题的方式，德国和日本就可能各有不同。

德国人很可能会设计一个射频识别（Radio Frequency Identification，RFID）扫码自动分拣系统，或是利用图像识别+机械手臂自动进行分拣。他们的思路是发现问题、解决问题，把解决方案和流程固化到装备和生产线中，减少人为因素，避免相似问题再次发生。故德国智能制造的显著特征是系统化。

而日本人则不同，他们高度强调人的管理，解决方式很有可能是改善物料辨识度（颜色等）、员工训练，以及设置复查制度等。日本企业对人的信任远胜于对机器、数据和系统的信任。他们的理念是信息化、自动化的目的是帮助人工作。

与日本和德国相比，美国在解决问题的方式中更加注重数据的作用，无论是客户的需求分析、客户关系管理、供应链管理、产品寿命周期管理，还是生产过程中的质量管理、设备的健康管理等，都强调数据分析，颠覆性定义问题，进行创新管理。这也造成了20世纪90年代末美国与日本选择了两种不同的制造系统改善方式，美国企业普遍选择了非常依赖数据的六西格玛体系，而日本则选择了高度依赖人和制度的精益管理体系。

中国制造业经过改革开放40余年来的迅猛发展，涌现出一批具有国际竞争力的优秀企业，但仍有相当一部分企业还在工业2.0以下，实现智能制造面临着巨大挑战。

我们认为，智能制造是手段而不是目的，其根本是提高品质、提高市场竞争力。智能制造不是盲目推进无人工厂，不是自动化改造，对中国很多企业而言，重点还是在人机协同、创新管理、推动运营模式等方面的变化。

对大多数企业而言，智能基础设施薄弱、标准体系不健全、管理基础差、信息化采集程度低等，是我们走向中国智能制造的障碍，而更大的障碍是人们的思想观念。

制造业赚不了快钱，需要实实在在地干。走智能制造之路，不能搞概念、搞花架子，更不能"虚火旺盛"。必须痛下决心，从内心出发，坚持长期不懈的努力。

借鉴和学习发达国家智能制造的经验和教训，导入先进的管理理念，结合中国本土企业的实际情况，以 5S 管理为基础，借助信息化手段，推进精益和六西格玛管理，这无疑是对工业工程本身的创新，具有中国特色的智能制造，自然水到渠成！

精细化管理的基石

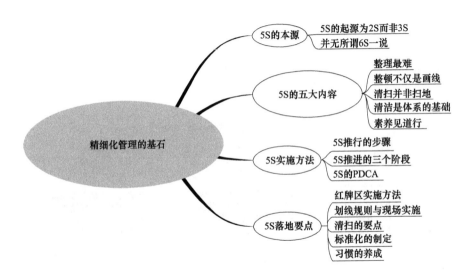

5S源于日本，是其企业广泛采用的一种现场管理方法。在日本，许多本土企业单单只是执行了5S的持续改善，就将过程中的浪费大大降低并达到了世界一流的管理水平。但在中国，有很多企业虽然推行了5S，但结果却不理想，其中很大一部分原因是没有真正理解5S的内涵，另外与推行的方法也有重要关系。

中国与日本的国情不一样，所以必须要有具有中国特色的5S管理推行方法。中国式的5S管理推行必须要有流程梳理、生产计划管控与及时改善的强力支撑，做到"形"与内控并行，5S管理就一定能推行成功。

2.1 5S 的本源

2.1.1 5S 的起源为 2S 而非 3S

5S 起源于日本，是指在生产现场中对人员、机器、材料、方法等生产要素进行有效的管理，这是日本企业独特的一种管理办法。

1955 年，日本在执行现场环境改善时的宣传口号为"安全始于整理、整顿，终于整理、整顿"。安全始于整理、整顿，即在安全的情况下，才能执行整理、整顿，如擦外墙玻璃时必须要有安全措施。终于整理、整顿，即执行好整理、整顿之后，工作环境就有安全的效果。其目的只是为了确保作业空间充足并有一个安全的工作环境，可知安全非一个"S"，而是两个"S"。

后因生产管理和质量控制的需要又逐步提出了清扫、清洁、素养等 3S。到了 1986 年，首部关于 5S 的著作问世，对整个现场管理模式产生了巨大的冲击作用，并由此掀起了 5S 热潮。5S 发展史如图 2-1 所示。

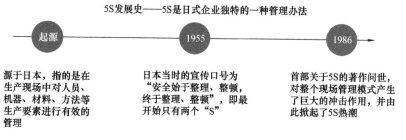

图 2-1　5S 发展史

日本企业将 5S 改善活动作为管理工作的基础，推行各种改善的管理手法，第二次世界大战后，生产率得到迅速地提升，奠定了经济大国的地位。而在丰田的倡导推行下，5S 在塑造企业形象、创造令人心旷神怡的工作场所、现场改善等方面发挥了巨大作用，逐渐被各国的管理界所认识。

随着世界经济的发展，5S 已经成为工厂管理的一股新潮流。5S 不仅可以应用于制造业，也可以广泛应用于服务业，改善现场环境、质量和员工的思维方法，使企业能有效地迈向全面质量管理。

2.1.2 并无所谓 6S 一说

有的企业在 5S 的基础上增加了安全（Safety），推行所谓的"6S"；增加节约（Save），推行所谓的"7S"；有的企业甚至推行了所谓的"12S"。之所以有这样的叫法，实则是因为不理解 5S 真正的含义，而且前面已提及 5 "S" 的 S 是日文发音，而所谓 6S 的安全是英文发音。

实际上前面的 5S 已经包含有安全的内容，如在整理中要求清除无用的东西或物品，这在某些意义上来说，涉及了节约和安全，具体一点如横在安全通道中无用的在制品或垃圾，这就是安全应该关注的内容。

2.2 5S 的五大内容

2.2.1 整理最难

整理是指区分要与不要的物品。现场只保留需要的物品，不需要的物品做必要的处理。生产过程中产生的不良品、边角料及暂时不用或无法使用的工装夹具、量具、机械设备等，如果不及时进行处理，现场不仅会杂乱无章，也会让作业空间变得拥挤，妨碍正常生产。

货架、工具箱等被杂物占据而减少使用价值，增加了寻找工具、物品的时间；仓库因为呆滞品没有及时处理，占用了空间，导致正常的物品无法定位定置摆放，增加了盘点的难度，也容易造成领料错误，产生损失；呆滞品不及时处理，不仅占用了空间，也会让原本的价值进一步降低，给企业造成更大的损失。

整理首先要制定要与不要的判别标准，当天要用的工具、器具、材料等，即是要的东西，其他不是当天要用的即为不要。当然不要并不是扔掉，而是采用不同的方式进行处理。所以寻找各类物品的处理方法，要注重物品现在的使用价值，而不是物品购买时的价值。针对各类物品的处理，常用的方法有报废、降级使用、转其他订单利用、拆解再利用、另案保管等。

整理的方法通常可归纳为以下两点：

（1）用拍照的方法进行整理　对未经整理的现场进行拍照，对照片进行分析，区分要与不要的物品。

（2）利用红牌进行整理　将现场暂时不需要的物品贴上红牌，甚至将来设置红牌区并进行集中管理，红牌可以很醒目地让人知道物品在哪里，也可以显示出产生的原因及处理的方案。

在实际的整理过程中，两种方法常常结合在一起使用。表 2-1 为某车间对呆滞品进行整理的实例。

整理作为 5S 活动的第一个步骤，实际上也是最难推行的一个的步骤，主要原因有以下几点：

表 2-1　呆滞品处理表

序号	部门	区域	物料名称	照片	数量	呆滞时长/月	原因	红牌编号	处理方式							备注
									报废处理	退回仓库	折价、特采、降级使用	其他订单利用	拆解再利用	移往红牌集中区	其他	
1	xx车间	A5	非晶合金线圈		5	7	品质不良	1	√							
2			S11国标线圈		1	6	产线多做	2		√						
3			S11国标线圈		1	8	技术变更	3			√					
4			S11国标线圈		2	9	订单取消	4				√				
5		A7	非晶合金线圈		4	6	绝缘板不良	5					√			
6			非晶合金线圈		3	7	BOM表错误	6						√		

1）物品在判断要与不要的时候，部分人因担心领导追究责任，将原本不要的物品故意报为要用的物品，这样需要处理的物品就会被留下来，继续占用空间。

2）现场不按计划，无序作业，刚整理完的空间，迅速被大量的在制品重新占用。这也是刚进行5S活动时经常出现的问题，后面的章节里我们会讲到生产物料控制（PMC）对5S实施的推动作用。

3）在进行不要品的处理时，老板们都有太多的不舍，认为部分物品以后可能会用到、改一改也许可以用到，或者觉得设备还新，降价处理可惜。这样整理活动就很难彻底落实，也会动摇员工整理的积极性。

通过有效的整理活动，现场的作业面积得到了增加，有利于提升工作效率；现场无杂物，减少了磕碰的机会、消除了管理上的混放、混料等差错事故，保障了安全和质量；减少了库存、盘活了呆滞资金；作业环境得到改善，员工工作作风发生了改变，提高了工作效率。

2.2.2　整顿不仅是画线

整顿是指将整理后留下的需要物品依照规定，定位、定品、定量、整齐地摆放，并且明确标示。整理未完成，不可执行整顿。整顿是对整理后需要的东西进行整理，对需要的物品定位摆放，做到过目知数；用完的物品应及时归还原位，做到用时能立即找到，用后能立即放回；工装、夹具、量具按类别、规格摆放整齐。

在工作场所使用的物品如有相似的，为了避免混淆，整顿时就要对不同场所使用的物品用不同的颜色进行区分，在放置场所的标识牌上，要注明物品的形状，让人一看就知道其中放的是什么。

以作业现场常用的物品为例，说明整顿的方法和要求：

1. 原材料和在制品的整顿

1）严格按生产计划所需领用材料，按计划数量进行生产，并定位、定品、定量存放，为方便查看和记忆，实现目视知数，物料的放置除尾数外要为5或10的倍数。图2-2所示共有64个骨架底座，每排都是按20个摆放，最后4个单独一排，一看就知道数量。

图2-2　存放规则

2）在存放和转运的过程中，要做到防污染、防磕碰和防损伤等，用合适的工具进行存放和转运。

2. 工装夹具的整顿

1）应尽可能减少作业工具的种类与数量，采用通用件、标准件。

2）将工具分类摆放在专用的货架上，做到取用及时，归还方便。其中要用到工具车和形迹管理的方法。

整顿的目的就是把需要的物品加以定量、定位。通过前一步的整理后，对生产现场需要留下的物品进行科学合理的布置和摆放，以便用最快的速度取得所需之物，在最有效的规章、制度和最简洁的流程下完成作业。

2.2.3 清扫并非扫地

清扫就是彻底将自己工作环境的四周打扫干净，并对机器设备做好基本的维护保养，这其中也包括自己所保管的设备、物品等，而且要保持环境、设备、物品的干净。污秽的机器会生产出污秽的产品，现场的油垢、废物不仅会降低生产率，也会影响产品的合格率，甚至引发安全事故。清扫时每个人都要把自己所属区域及物品清扫干净，不能单靠清洁工来完成。

清扫的基本要求和方法归纳为：

（1）寻找污染源　最有效，最彻底的清扫就是杜绝污染源。

（2）制订清扫计划　明确由谁来清扫、何时清扫、清扫哪里、怎样清扫、用什么工具清扫、要清扫到什么样的程度等一系列的程序和规则。

（3）要探讨作业场地的最佳清扫方法　例如研究如何减少清扫的频率，了解过去清扫时出现的问题，明确清扫后要达到的目标。

（4）清扫不良状态　发现的不良状态要及时修复。

对现场进行清扫的目的是使生产时弄脏的现场恢复干净，减少灰尘、油污等对产品品质的影响，减少意外事故的发生，使操作者在干净、整洁的作业场所心情愉快的工作。将机器设备的污垢去除，易于发现异常发生的源头，是实施全员自主保养（TPM）的第一步，有利于提高设备稼动率。

2.2.4 清洁是体系的基础

清洁是整理、整顿、清扫这3S的持续与深入，并且形成企业的标准化、制度化。清洁要做到"三不"，即不制造脏乱、不扩散脏乱、不恢复脏乱。清洁的目的是维持前面3S的成果。

清洁的基本要求和方法归纳为：

（1）明确清洁的目标　整理、整顿、清扫的最终结果是形成清洁的作业环境，动员全体员工参加是非常重要的，所有人都要清楚应该做什么，在此基础上将大家都认可的各项应做的工作和应保持的状态整理成文，形成制度。

（2）明确清洁状态的标准　清洁状态的标准包含三个要素：干净、高效、安全，只有制定了清洁状态标准，检查时才有据可依。

（3）充分利用色彩的变化　厂房、车间、设备、工作服等都应采用明亮的色彩，一旦产生污渍，就很显眼，容易被发现。同时，员工的工作环境也变得生动活泼，工作时也会心情舒畅。

（4）定期检查并制度化　要保持作业现场的干净整洁及作业的高效率，不仅要在日常的工作中检查，还要定期进行检查。企业要根据自身实际情况建立相应的清洁检查表。

通过对整理、整顿、清扫活动的持续与深入，从而消除发生安全事故的根源。

2.2.5　素养见道行

所谓素养就是以"人性"为出发点，通过整理、整顿、清扫、清洁等合理化的改善活动，培养上下一体的共同管理语言，使全体人员养成执行标准、遵守规定的习惯，进而促成全面管理水平的提升。素养是5S活动的核心，没有人员素养的提升，5S活动就不可能顺利开展，即使开展了也无法持续改善。素养是保证前4S持续、自觉、有序、有效开展的前提，是使5S活动顺利开展并持续下去的关键。

要培养、提高素养，一是要经常进行整理、整顿、清扫以保持清洁的状态；二是要养成良好的习惯，遵守公司的管理制度和礼仪规定，进而延伸到礼仪美、行为美等。

整理、整顿、清扫、清洁的对象是场地、物品与标准，素养的对象则是人，而人是企业最重要的资源，企业在人的问题上处理得好，人心就会稳定，企业就会兴旺发达。

在5S活动中，让员工对整理、整顿、清扫、清洁、素养进行学习，其目的不仅是希望他们将东西摆好，设备擦干净，最主要的是通过改善的活动，潜移默化，使他们养成良好的习惯，进而能按照规章制度、标准化作业流程来执行，变成一个有高尚情操、有道德修养的优秀员工，从而使整个企业的精神面貌随之改观。

整理、整顿、清扫、清洁、素养这5个"S"并不是各自独立的，它们之间是相辅相成、缺一不可的，其中素养是5S管理的核心。5S之间的关系如图2-3所示。

总之，5S管理使人的素质得以提高，道德修养得以升华。5S管理始终着眼于提高人员的素养，最终目的在于教育和培育新人。5S管理的核心和精髓是素养，如果没有员工素养的相应提高，5S活动就难以开展和持续，素养是决定5S活动能否产生效果的关键。

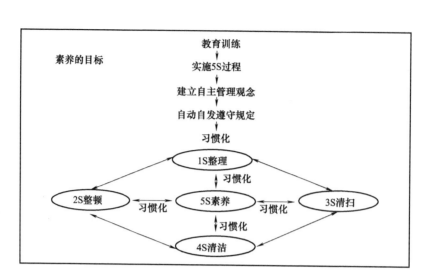

图 2-3　5S 之间的关系

在实际推行 5S 的过程中，为了有效理解和记忆 5S，很多推行者会采用各种各样喜闻乐见的漫画、看板等通俗易记的方法进行描述、宣传，如图 2-4 所示。

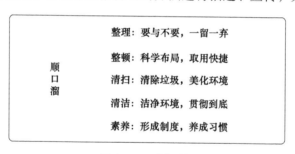

图 2-4　5S 顺口溜

（1）整理　就是清理不要的，留下需要的。

（2）整顿　就是将整理留下的需要的物品进行科学布局，所谓的科学布局就是路径最短、搬运浪费最少。

（3）清扫　就是彻底将自己工作环境的四周打扫干净，并对机器设备做好基本的维护保养。

（4）清洁　就是整理、整顿、清扫这 3S 的持续与深入，形成标准化、制度化。

（5）素养　就是培养上下一体的共同管理语言，使全体人员养成守标准、守规定的习惯进而促成全面管理水平的提升。

5S 的实施要点主要有以下几点：

（1）整理　正确的价值意识——"使用价值"，而不是"原购买价值"。

（2）整顿　正确的方法——"3定"+整顿的技术。

（3）清扫　责任化——明确岗位5S责任。

（4）清洁　制度化及考核——5S时间；稽查、竞争、奖罚。

（5）素养　长期化——晨会、礼仪守则。

2.3　5S实施方法

许多公司5S活动的推行之所以失败，其中最重要的原因是没有按照中国式的5S管理方法推行，5S的导入可分为14个步骤，3个阶段。

2.3.1　5S推行的步骤

企业开展5S活动，应该根据自身的实际情况制订切实可行的实施计划，分阶段推行展开，一般步骤如下：

1. 5S导入前的准备

在5S导入之前需要先做一些准备工作，主要有以下几点：

（1）消除意识障碍　意识障碍主要包括员工不理解、不支持，以及中层管理人员的误解。在5S导入的初期，部分员工和管理人员一时难以理解5S带来的成效，反而认为会额外增加了工作量，往往抵触情绪较大，所以一定要彻底了解企业现状，找到有说服力的现场及事例，做好结合企业实际的理念宣传引导。切记：一定要从上至下一个不漏地进行培训和宣传引导。

（2）资料收集与观摩　在导入5S活动之前，收集相关5S的资料，或者去已经成功导入5S的企业进行参观学习，有利于企业更好地理解、推行5S。

（3）引进外部顾问协助　引进有5S推行经验的顾问公司协助企业推行5S活动，可以让企业少走弯路，更快、更好地导入5S。

2. 组织架构的成立

5S活动的成功实施离不开高层的支持和各级部门管理、技术人员的协助，推行5S活动之前需要成立5S推行委员会，负责协助推行企业的5S工作，各部门也应成立相应的5S执行小组，组织本部门执行5S工作，其成员由部门内人员组成，组长由部门负责人担任。明确各部门5S责任范围和个人职责，确定5S推行责任人，并张榜公布。图2-5所示是某企业5S推行组织架构。

企业的每一个部门都需要参与到推行委员会中，由部门负责人担任推行委员。为更好地推行5S活动，所有部门都需要成立自己的5S小组，并将责任划分到班组、个人，如图2-6所示。

组织架构成立后，需要明确各组员的工作职责，职责如下：

（1）主任委员　负责委员会的运作，并指挥监督所属委员；对制定的方针、

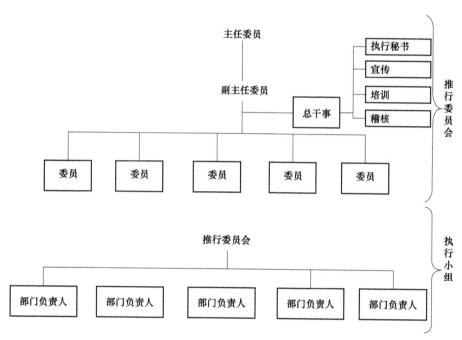

图 2-5　某企业 5S 推行组织架构

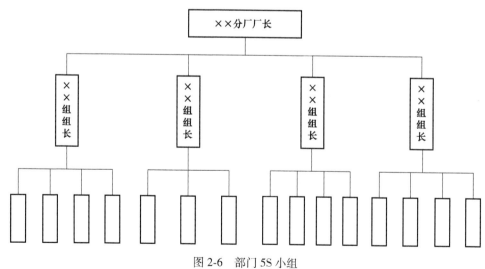

图 2-6　部门 5S 小组

目标、实施方法等进行批准。

（2）副主任委员　辅助主任委员处理委员会事务，并于主任委员授权时，代行其职务，负责全程计划、执行和管制。

（3）总干事 其中设执行秘书、宣传、培训、稽核等岗位，执行秘书负责文书、记录和统计。

5S 推行委员会职责：

1）共同参与制订 5S 活动的计划，确实执行主任委员命令；平时为 5S 活动的评比委员。

2）拟定 5S 活动办法。

3）负责规划 5S 活动。

4）进行宣传、培训、推动 5S 改善等。

5）定期检讨、推动改善。

6）进行 5S 活动指导及有争议的处理。

7）处理其他有关 5S 活动事务。

8）各部门负责人：

① 负责本部门 5S 活动的开展。

② 负责本部门 5S 培训和相关的宣传。

③ 设定本部门的改善主题，并组织改善活动的实施。

3. 制订 5S 推行计划

推行 5S 活动一定要结合企业实际状况，分部门、分阶段制订确实可行的推行计划，使员工知道做什么、怎么做，包括工作计划、推行口号和目标要遵循 SMART［Secific（明确），Measurable（可测量），Attainable（可达到），Relevant（相关性），Time-based（时间表）］原则，也就是目标要明确、可测量、可达到、与企业的战略有关、有时间表、有实施方法（包括要与不要物品的区分方法、5S 评比方案、5S 奖惩方案等）。

4. 宣传培训

5S 的培训是一个长期的系统工程，需要针对全员进行培训，对干部与员工，培训时应有不同的侧重点，并制作推行手册，使全员了解 5S 的含义、目的、要领、实施方法等。为了让 5S 活动深入人心、全员参与，可以主办 5S 标语、海报、征文比赛等活动，为了更形象地体现和展示 5S 活动的内容、成果，也可以主办相关的照片展。

5. 推行方法试运行

5S 推行计划及实施方案确定以后，要先进行试运行，并在运行前准备必要的道具和工具。例如当整理时，需要准备红牌和一些搬运工具等。为了能够顺利推行 5S，在活动开始之前需要进行总动员、鼓舞士气、营造气氛，同时对实施方法进行说明。

6. 整理作战

整理是 5S 活动的第一步，必须全厂一起开展。首先要确定要与不要的物品，不要的物品用红牌进行标识，并进行统计、分类和整理。整理是最难的一步，为顺利推进，需要定期进行成果统计公布，对过程中的问题点进行总结检讨。表 2-2 所示为某企业呆滞品整理进度统计。

表 2-2　某企业呆滞品整理进度统计

部门	项目	需处理数量	已处理数量	差异数量	完成率	合计	目前进度	备注
××车间	再利用	156	0	-156	0%	6%	开发技术部正在做成本分析，待相关负责人 A 批示后开始处理	
	报废	15	11	-4	73%		第一批已处理，第二批已统计完成，与相关负责人 B 现场沟通后开始走流程	
	退供应商	4	0	-4	0%		正在与供应商沟通协商中，若供应商不接收则进行折价处理	
××车间	再利用	49	2	-47	4%	3%	开发技术部正在做成本分析，待相关负责人 A 批示后开始处理	
	报废	75	2	-73	3%		线圈等铜类报废物料相关负责人 C 正在联系供应商	
××车间	再利用	105	14	-91	13%	13%	正在根据订单处理使用	
设备部	报废	30	30	0	100%	100%	第一批报废设备已处理，各车间的报废设备须统计、走流程处理	

7. 整顿作战

整顿是对整理后留下的必要物品按照定位、定品、定量的原则进行摆放、标示，并建立目视管理。为便于推行，可找一个较易执行的部门先行实施，作为后续全厂推行的样板区。

8. 清扫作战

清扫就是彻底将自己的工作环境四周打扫干净，包括地面到顶棚的所有物品，并对机器设备和工具进行彻底修理，做好基本的维护保养，同时要保持干净。清扫的要点是发现脏污问题、找到污染源，并制订相应措施，杜绝问题再次发生。例如车间地面的油污，若只是进行清扫，则问题并没有根本解决，一定会再次发生，要找到产生油污的根本原因，如果是设备故障漏油，就需要进行修理。

9. 修正的方法

在 5S 活动的整个推行过程中，一定会产生一些问题，必须依据试行的实际情况和相关主管讨论，对发现的问题及时进行纠正处理，并对方案做出适当的调整。

10. 全厂实施

5S活动经过一段时间的运行，并通过不断的检讨与修正后，就可以宣布全厂实施。在全厂实施前，同样需要进行全员宣传引导。由于不同的部门实际情况不同，推行的难度也不一样，还需要针对不同的部门单独进行宣传引导。

11. 考核评分

当5S活动正式实施后，就要开始制定5S检查标准。检查标准一定要密切结合推行过程中的难点及容易疏忽的地方，从5个"S"的每个"S"开始分析研究，最终制定一套容易落地、方便操作的5S检查标准（先试运行），之后，通过检查、评比，发现问题点，了解推行的成果。对于发现的问题要允许员工进行申诉，不合理的地方，要予以纠正。

12. 检讨与奖励

在5S推行的过程中，需要定期进行检讨，对发现的问题要制订对策予以解决。对5S改善的情况进行统计，并集合全员宣布成绩，根据制度进行必要的精神与物质奖惩。

13. 高层参与巡查

5S活动的推行离不开企业高层的支持。最高主管或顾问需要定期亲自巡查（每月/每季），5S小组需要对巡查的结果进行记录，并做必要的说明。

14. 持续改善

经过前3个"S"的推行，可以使工作环境焕然一新，工作场所井井有条，员工面貌更是大不相同。这时更要跟进步伐，让优秀员工及管理者分区域进行宣传引导及沟通，多讲一些自己在推行过程当中的重要事例。紧接着就是让所有的部门及区域动起来，认真落实每一个环节的重点及细节。同时通过检查、评比、开会宣传引导进一步深化5S管理的作用，不断给员工创造良好的5S管理氛围，最终使员工养成5S管理的好习惯。

2.3.2 5S推进的三个阶段

5S活动的推进，最初就是从强制执行标准的形式开始的，潜移默化地改变大家的行事风格，直到这些标准成为每个人的习惯。养成习惯之后，对大家来说一切规范都已经顺理成章，以至于在良好实施5S的现场，很多人甚至根本察觉不到它的存在，这便是人们常说的"习惯成自然"，如图2-7所示。

形式 → 行事 → 习惯

图2-7 习惯成自然

5S推进分为以下三个阶段：

1. 秩序化阶段

这个阶段以形式为主，包括整理、整顿和清扫，即先做到秩序化，让形式深入人心，再考虑下一步的推进。本阶段由企业制定统一的标准，并强制执行，使员工养成遵守这个标准的习惯，使公司逐步得到提升。秩序化阶段的主要内容有以下几点：

1）上下班前后，实行 5min 值日制。

2）明确区域规划，落实到具体部门和具体人。

3）减少寻找物品的时间。

4）优化环境，减少噪声，做好绿化。

5）合理使用各种标识。

6）落实安全措施，完善消防设施。

2. 活力化阶段

本阶段是在整理、整顿和清扫的基础上，加上了清洁一项，将前 3 个"S"规范化成现场的行事标准并长期执行，直到成为习惯。通过推进各种改善活动，使每个员工都能主动参与，使公司上下都充满生机活力，形成一种改善的氛围。活力化阶段的主要内容有以下几点：

1）清理废料、废品、旧设备。

2）大扫除，全面清扫灰尘、污垢并打蜡。

3）仔细检查设备，进行全面保养。

4）管理清扫用具（包括摆放、设计、改造）。

5）落实安全防护措施。

3. 透明化阶段

这个阶段主要是提升人的素养。素养是 5S 最核心的部分，也是 5S 最终能否成功落实的核心因素。管理者制定各种标准，并不厌其烦地监督现场的整理、整顿、清扫、清洁工作，目的就是通过一次次重复的工作，使员工养成良好的习惯，提升品德和素养。本阶段主要实施管理制度的公开化、透明化，以形成公平竞争、人人积极向上的局面。透明化阶段的主要内容有以下几点：

1）看板管理的合理运用。

2）合理化建议，标准化提案。

3）目视管理的全面导入。

4）识别管理。

5）建立改善的档案库。

6）建立数据库，推广网络的使用。

总之，5S 活动的推行是层级递进的过程。先通过强制性手段，用整理、整顿、清扫打造井然有序的现场，再用一定的标准来规范化前三者的结果，配合适当的奖惩制度，使良好的习惯深入人心，成为自身修养。

坚持推行 5S 活动，使现场长期、稳定地保持干净优美的环境，每个工作环节都有条不紊，消除安全隐患，提高生产率。5S 推进的三大阶段层级如图 2-8 所示。

整理 整顿
素养
清扫 清洁

整理 整顿
清扫 清洁

整理
整顿
清扫

透明化阶段

活力化阶段

秩序化阶段

图 2-8　5S 推进的三大阶段

2.3.3　5S 的 PDCA

5S 是一项长期的活动，只有持续推行才能真正发挥 5S 的作用。各部门每周、每月要对发现的问题进行汇总，总结成各部门需要改善的项目，并限期整改。以管理循环圈 PDCA 作为持续改善的工具，从而实现改进、维持、再改进的目标。

PDCA 循环是美国质量管理专家休哈特博士首先提出的，由其学生戴明博士发扬光大，所以又称戴明环，首先在日本获得普及。PDCA 循环的含义是将管理分为四个阶段，即计划（Plan）、执行（Do）、检查（Check）、处理（Action）。

在管理活动中，要求把各项工作按照制订计划、计划实施、检查实施效果，然后将成功的纳入标准，不成功的留待下一循环去解决。这一工作方法是质量管理的基本方法，也是企业各项管理工作的一般规律。5S 实施的 PDCA 循环如图 2-9 所示。

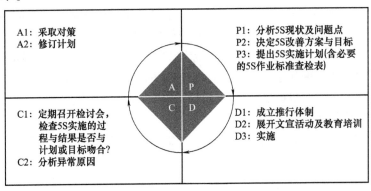

A1: 采取对策		P1: 分析5S现状及问题点
A2: 修订计划		P2: 决定5S改善方案与目标
		P3: 提出5S实施计划(含必要的5S作业标准查检表)
C1: 定期召开检讨会，检查5S实施的过程与结果是否与计划或目标吻合?		D1: 成立推行体制
C2: 分析异常原因		D2: 展开文宣活动及教育培训
		D3: 实施

图 2-9　5S 实施的 PDCA 循环

2.4　5S落地要点

2.4.1　红牌区实施方法

1）对所在的工作环境进行全面检查，包括所在工作场所的墙面、地面、工作台和货架等。

2）制定要与不要物品的基准。要与不要品的判定基准一定要明确化，对于不要的物品，要制定其处理办法，并成立不要物品处理小组；对于要的物品，要调查物品的使用频率，决定日常用量及存放方式。图2-10所示可供参考的要与不要物品的基准，不同企业可以根据自身实际状况进行定义。

区分等级	使用频率	处理结果
不用	不能使用	废弃处理
	不再使用	
很少用	可能会使用(一年内)	存放于储存室(仓库)
	6~12月使用1次	
少使用	1~3个月使用1次	存放于储存室(车间)
经常用	3~7天使用1次	存放于工作场所附近
	1~3天使用1次	放在不需要人移动就可以取到的地方

图2-10　可供参考的要与不要物品的基准

3）清除不要的物品。不要物品确定后，一定要在整个工厂同时推进整理工作，若分区进行整理工作，可能会出现A车间整理时将呆滞料、闲置设备转移到其他车间，待其他车间整理时可能又会转移回来。同时推进委员会要巡视工厂加以检核，不要的物品不能带进来。

5S整理的对象包括不能使用的物品、不打算使用的物品和打算使用的物品，整理工作要结合红牌作战（见图2-11）。红牌作战旨在不断找出所有需要改善的事物和过程，并用醒目的红色标牌来标识问题所在后，通过不断增加或减少红牌，从而发现并解决问题。红牌作战最重要的是要找出产生问题的原因，建立红牌区管理办法，从而采取措施进行改善，避免再次产生问题。

红牌作战的实施方法：

（1）整理　在整理过程中，主要区分需要与不需要的物品，找出工作场所中可以改善的部分。

（2）整顿　在整顿过程中，需要按照定位、定品、定量的基本原则，用红

5S的红牌标签				
项目区分	○设备　　○工具 ○辅助材料　○半成品 ○看板　　○其他	○计量器具 ○成品	○材料 ○文件	
品名				
型号/数量				
原因	○剩余物质　○订单取消 ○加工不良　○使用不良	○设计变更 ○失去用途	○老化 ○其他	
处理方案	○丢弃　　○卖掉　　○放回仓库　　○留在工作场所附近 ○其他			
张贴日期				
改善完成日期				
改善责任人				
效果确认				

图 2-11　红牌表单

牌进行标示，以便直观地看到工作场所中不合理的物品摆放情况，并提醒工作人员加以改善。

（3）清扫　针对红牌问题，提出合理有效的改善措施，从而减少红牌的数量，清扫时要特别注意一些重点场所和物品的标识。

（4）清洁　清洁的过程就是分析具体的红牌问题，寻找问题产生的根源，进而提出根本的、彻底的解决方法，尽量减少工作场所中的红牌数量。

（5）素养　所有的员工能够养成良好的工作习惯，提高自身的素质，在工作中时刻注意寻找需要标出红牌的事物和场所，同时又想尽一切办法减少红牌的数量。

整理需要经过反复决策和认定，整理的流程如图 2-12 所示。

2.4.2　划线规则与现场实施

1. 落实前一步骤的整理工作

1）整理工作没落实不仅浪费空间，而且零件或产品会因变质不能使用而造成浪费。

2）不要的物品的管理也会造成浪费，如库存管理或盘点都比较麻烦。

2. 确定放置场所

1）参照整理中的"使用频率判断基准"，决定放置场所及放置方法，物品

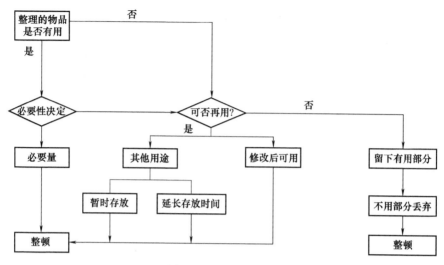

图 2-12　整理的流程

的保管要定位和定量，物品放置可以用计算机仿真或沙盘推移图来演练。

2）划线定位。物品放置场所确定以后，就需要划线定位，常用的色带宽度标准如下：

① 通道及大范围区域定位：一般为 10~20cm，主通道为粗黄线。通道划线为什么要用黄色而不用其他颜色呢？主要是出于安全的考量，由于黄色醒目且显眼，所以当出现事故的时候，大家都可以看到。粗黄线线宽一般为 10cm、15cm，或者 18cm，甚至 20cm 都可以。次通道为细黄线，线宽为主通道线宽的一半。主通道的宽度依照生产产品类别的不同、工作的人数不同、楼层不同等实际情况计算得到。

主通道一定是面对大门的，若发生火灾，只要找到粗黄线，沿着线往外跑，就能逃离火灾现场。消防栓标示要划成红白斜线或者全部涂成红色，与不良品区的红色线进行区别。当发生事故时，消防人员只要找到全红或者红白斜线，就知道哪里有消防栓。就如同高压危险等标识，都是黄底黑字，所以黑黄间隔线表示警戒、警示防撞。在许多地下停车场的柱子上，就有防撞标示。白色表示的是易移动工具、器具，很多停车位画的是黄色的线框，但其实应该是白色的，因为车子是会移动的，全世界标准的停车位采用的都是白色线框。蓝色表示的是原材料和半成品，成品则用绿色表示。

② 地面上其他物件，如周转箱、物料车等可用 5cm 色带的四角或实线定位法定位。

③ 所有桌面对象的定位可用 1.2cm 的色带。

常见的颜色使用规则如图 2-13 所示。

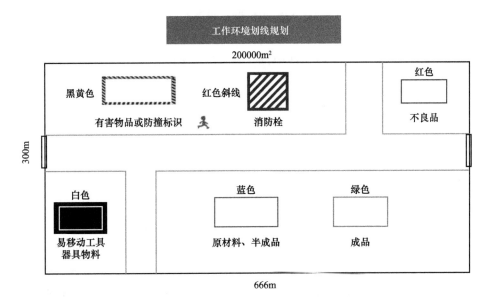

图 2-13 常见的颜色使用规则

车间在划线前，不需要画很详细的布局图样，只需要简单地对现场的大区域进行规划，甚至可以手绘一份图样，直到各项布局定案后，再画出详细的布局图。划线的重点是要有先期规划布局图及现场指导，线划什么颜色、在哪里划，依颜色管理规定及现场实际情况而定。

原材料、半成品、成品画框的位置及大小要结合现场的使用情况、生产批量，以及现场科学的布局，方可实现事半功倍的效果。划线前可考虑先用胶带贴出标示线，试用一段时间，不断调整、优化后再进行油漆划线工作。当划线工作完成后，若在没划线的地方发现了物品，便立即知道发生异常情况。

有些工厂认为，标示线划越多，5S 越到位，其实划线的原则是：划线越少，管理越到位。例如一台 500t 的压力机，固定或不容易移动的货架，就不需要划线，但往往许多工厂都用黄色的线框起来。许多工厂为垃圾桶专门划了一个方框，并将垃圾桶放在方框内；甚至有的在老板高大上的办公桌划了水杯、计算机、电话的定位线，使桌面变成大花脸。

其实这些线是不需要外露的，因为一眼就能知道是垃圾桶、水杯、计算机、电话等，只需要划定位线即可，可考虑根据形状内缩划线，水杯、计算机、电话按照定位放置后可将形状线完全盖住，即可保证整体的美观性。工装车、叉车等移动工具的定位线大部分工厂会采用实线框来标识，其实可以采用留一缺口或四角定位的方法，这样既可以降低维护成本，又可以增加美观性。

3. 整顿的推行要点

1）整顿要达到任何人都能立即取到其所需物品的状态。

2）要站在新人或其他现场人员的角度，使某样物品在某个地点更为明确。

3）对于放置处与被放置物，都要想办法使被放置物能立即被取出使用。

4）物品使用后要易于放至回原位，没有恢复至原位或误放时能马上知道。

2.4.3　清扫的要点

（1）建立清扫责任区　所有区域一定要划分到班组、组员，其中，组员为责任人，组长为监督人。

（2）执行例行扫除、清理脏污　清扫责任区域建立后，就要按规定执行。清扫是一种用心的行为，应具备不容污秽存在的观念。清扫完后，清扫用品本身也需要保持清洁与归位。

（3）调查污染源，予以杜绝　清扫的关键是要找到污染源并整改，只有从源头上予以杜绝，清扫才会彻底。图 2-14 所示为污染源调查及整改的示例。

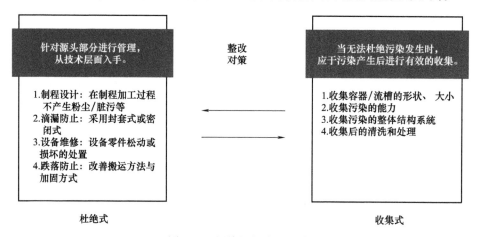

图 2-14　污染源调查及整改

（4）建立清扫基准，将其作为规范　如图 2-15 所示为空调的清扫点检基准。

2.4.4　标准化的制定

（1）落实前 3S 的工作　清洁就是彻底落实前 3S 的各种动作，整理、整顿、清扫是动作，清洁是结果，即在工作现场进行整理、整顿、清扫过后呈现的状态是清洁，也就是标准化、制度化的构建。

（2）制订目视管理，颜色管理的基准　目视管理是利用形象直观、色彩适宜的各种视觉信息和感知信息来组织现场生产活动，以达到提高劳动生产率的目的的一种管理方式，是一种看得见的管理。人类大脑来自视觉方面的信息高达85%，通过目视管理能够让员工用眼看出工作的进展状况是否正常，并迅速做出

设备清扫点检基准

序号	设备分类	清扫部位	清扫要点	周期	备注
001	空调	出风口、入风口、外表面、顶部、易积尘部位及周边环境	明确设备管理部门及责任人；清除设备上的灰尘、污垢；清除不必要的物品；注意设备背面及平时不打开的部位；下班后检查设备开关按钮是否复位	1次/周末	清扫时可用湿抹布涂上肥皂擦拭，再用干抹布擦净(电气部位除外)

图 2-15 清扫点检基准

判断和决策。目视管理的各级水准如图 2-16 所示。

目视管理效果示意图			
无水准	初级水准	中级水准	高级水准(理想状态)
		6 / 5	6 / 5 / 安全库存 / 用完后通知相关人员
无管理状态	初级管理状态	中级管理状态	理想的管理状态
有几个球不明确，要数！	整齐排列，便于确认管理	通过简单标识使数目一目了然	通过标识和提示，使数目和数目不足时该怎么做一目了然

图 2-16 目视管理的各级水准

颜色管理是将企业内的管理活动和管理实物披上一层有色的外衣，任何管理方法都可以利用红、黄、蓝、绿四种颜色，让员工自然、直觉地和交通标志灯相结合，以促进全员共识、共鸣、共行，从而达到管理的目的。

例如工厂要求员工每小时更换一次刷子，员工可能会觉得按照固定的时间更换比较麻烦，现场审核的难度也较大，那么就可以用颜色去管控。根据刷子的颜色和时间段，建立看板进行管控。例如白色的刷子是八点到九点、红色的是九点到十点等，根据时间再对照刷子的颜色就知道员工是否按照规定执行。

（3）建立清洁稽核表　各区域责任人员要认真执行稽核表的要求，逐一进行点检，同时主管要不定期地进行检查。

（4）建立奖惩制度，加强执行　依据5S管理制度，对在5S活动中表现优良和执行不力的部门及人员予以奖惩。需要强调的是奖惩只是一种手段，并不是最终的目的，而团队的荣誉与不断进步才是最重要的。

（5）维持5S意识　通过文宣活动，如5S的信息、期刊、海报、标语等工具的运用，营造一种新鲜的氛围，使公司与全体员工永远抱着要推进5S的心情。

（6）高阶主管重视，并经常带头巡查　高层参与，能够让员工更加重视，对5S的推动具有十分重要的意义。

2.4.5　习惯的养成

（1）持续推动前4S至习惯　习惯的养成需要注意以下几点：

1）前4S是基本动作，通过这些基本动作和手段，使员工在无形中养成一种保持整洁的习惯。

2）作为主管应不断教导部属，加强前4S的执行和改善，以改变行为习惯。

3）5S推行一年，基本能定型化，但轻易地放松和忽视，是很容易反弹的。

4）每年可选定某一月份为"5S加强月"。

（2）制定共同遵守的有关规则、规定

1）除非是公司政策性的决定，否则应尽可能让员工参与协商来设定内容，如作业要点、安全卫生守则、服装仪容、礼貌运动须知等。

2）各种规则或约定目视化，如用漫画方式编写管理手册，制成图表、标语、看板、卡片等。

3）目视化场所应选在明显且容易被看到的地方。

（3）制定礼仪守则　通过传播媒体协助倡导、刊登关于礼貌活动的内容，并倡导由干部率先实践。

5S活动在推行过程中常见的误区有以下几点：

1）5S就是大扫除。

2）5S只是员工的事情，主要靠员工的自发行为。

3）5S活动只花钱不赚钱。

4）由于太忙没有时间推行5S。

5）5S活动只是形式主义。

6）无须特殊培训，即可马上开始。

上述常见的误区，其实就是我们所说的意识障碍，所以在5S导入之前，首先要通过培训消除意识障碍。

5S活动有效推行四大法宝：

1. 领导重视

1）5S 管理内涵广泛，因此领导要从企业经营战略的角度，决定什么时候推行 5S 管理，怎样推行 5S 管理显得非常重要。推行 5S 管理需要朝哪个方向，需要什么资源，达到什么程度，这些明确了，大家工作起来自然有目标，有干劲。

2）破冰行动。只决定做什么样的 5S 管理还不够，因为很多管理人员，尤其一些有过推行失败经历的企业，他们会很容易形成一种观望的态度，这种观望在 5S 管理的每个阶段都有。他们在看领导是动真格的，还是只是搞形式而已，在推行初期，往往有下面几种现象：

① 5S 管理工作基本不动，等待观望。

② 上面推一下动一下，基本上在做些表面工作。

对于这两种现象，需要采取破冰行动。在决定推行 5S 管理时，虽然领导的决心和毅力都很大，但是真正能够百分百支持并配合的管理人员并不是很多。他们或者担心没有实效，或者担心额外增加工作量，抑或担心触动自己的利益……有了各种各样的想法后，管理人员就会裹足不前，容易形成一种观望的态度，这种观望在 5S 管理的每个阶段都有。

企业领导应认识到这种观望情绪的危害性，5S 管理一开始，就要先进行管理人员意识上的"破冰行动"，可以通过召开"誓师大会"等造势活动，表明自己的态度和立场，并要求管理人员当众立下"5S 管理只许成功，不许失败"的军令状。这样一来，管理人员就会很认真地对待这件事情。管理人员动起来了，员工也就容易发动起来，这种活动，我们称之为"破冰行动"。

破冰行动主要的活动有：全员誓师大会、员工动员大会、启动仪式、演讲比赛等。不管采用何种方式，我们都要达到一样的目的：5S 管理推行是企业发展的需要，每位员工都要全力以赴，无条件达成 5S 管理的要求。

3）以身作则。5S 管理并不是喊口号，而是实际执行出来的。在 5S 的推行中，员工会看领导怎么做，中高层会看老板怎么做，所以各级领导以身作则非常重要。在一些企业，明明要求戴安全帽进入车间，但有些管理人员以只进去看看，很快就出来为由不戴安全帽，这就会导致一些员工效仿，影响 5S 的推行效果。

各级管理人员一定要率先垂范，不搞特殊化。如果公司领导在现场巡视时能主动地捡起地上的垃圾和掉落的零件，那么下一级管理人员及员工自觉捡起地上的垃圾和掉落零件就不足为奇了。

4）勉励鞭策。在 5S 的推行过程中，有高潮也有低潮，有全速前进也有僵持胶着，尤其到了清扫阶段，大家的新鲜感过去了，难度越来越高，5S 管理可能进入僵持阶段。此时，公司领导干部在进行精神激励的同时，在资源上，尤其是技术和资金的支持要充足，比如请外部专家入厂讲课、指导。尤其对某些通过一般的方法难以消除的污染发生源问题，可通过相关资源的投入带来现场的变化，以减少大家的清扫时间，降低清扫难度等。

5）更高的目标。当5S管理取得阶段性成果时，无论是精神还是物质的奖励都是应该考虑的。公司领导还有一个更重要的任务，即对全员提出更高的要求，否则员工往往会认为大功告成了，从而止步不前。

当公司领导提出更高的要求时，一方面会对原来5S管理推行中做得不好的或者深度不够的问题，专门专项集中解决；另一个方面，5S管理有效推行及维持一段时间后，应举出新的旗帜，如"TPM""精益管理""全面改善"等，给全体人员树立新的目标，再攀高峰。当然无论什么时候，都不要忘了强调5S管理是管理的基础，必须长期维持。

2. 全员参与

5S管理不是靠一个人就能完成的，推行5S管理必须要全员参与。

1）宣传教育。想要全员支持5S管理，参与到5S管理的过程中来，首先要做到意识上的改变。让全员理解为什么要进行5S管理，明白5S管理该如何做。这就要求我们做好5S管理宣传和员工的培训教育工作，营造一种5S管理是管理的基础、必须推行的氛围。

能够进行宣传教育的方法很多，如宣传看板、优秀企业观摩、编写5S管理手册、口号及标语征集、观看影片等。只要有助于整体5S管理气氛的营造，各企业可以根据自身状况灵活处理。只有让员工明白5S管理对企业、对自身工作有实实在在的便利和好处，才能消除员工的疑虑，减少抵触和抗拒情绪，让5S推行更加顺畅、深入。

2）样板力量。在5S推行的初期，5S管理应该做到什么程度，有哪些方法，大家心里都不是很明确。这时候，如果能够根据企业的具体情况，设立一些样板区，通过样板区的亲身实践，以活生生的事例来说明5S管理的方法和要求，让大家有亲身感受，推行起来就容易多了。通过样板区的先行一步，也容易让大家形成你能做到，我会做得更好的不服输心理。有了竞争气氛，工作相对来说就好展开了。

另外，因为推行委员会人员精力有限，全公司每个角落都去指导是不现实的。通过样板区的先行，能够将推行人员的经验和指导作用集中发挥，然后以点带面，起到事半功倍的效果。

3）及时引导。在5S管理的推行活动中，现场每天都在进步。推行人员应该关注一点一滴的成功，并及时给予肯定和支持。对于推行过程中出现的负面事情，一定要给予及时正确的引导，把推行工作及时引向正轨。

4）岗位责任。推行5S活动，必须明确5S岗位责任，要事事有人管，人人有责任，只有这样5S的管理成果才能够维持下去。随着推行的深入，根据情况调整5S岗位责任内容也是很重要的。通过明确每个人的责任，使大家都不能置身事外，无形之中就使大家融入整个活动中，积极性也充分调动起来了。

5）鼓励创新。因为是全员活动，需要全员的参与和发挥热情。热情是一个很重要的特色。在5S推行过程中，员工因为经验和能力的差异，对同样一件事难免会有不一样的处理结果。推行人员这个时候要鼓励创新，认可上述差异，因为员工的热情参与比什么都重要。

3. 持续改善

5S推行开始容易，难在持续改善。

1）背后推动变成前面引导。在5S活动推行一个阶段后，员工通过自己动脑及动手的改善，亲身感受了现场的巨大变化，体验了5S管理的魅力。环境干净整洁、现场规范有序、对错一目了然，大家工作起来身心愉悦，已经没有几个人愿意倒退回原来的脏乱差状况。

作为推行成员，此时要从一个"从背后拼命推进"的角色转化为"引导者"的角色，把责任交给员工，把信任交给员工，把荣誉交给员工，自己在前面进行"引导"，指出前进的方向、方式、方法，让员工从被动到主动，积极完成自己的工作，不断改善，不断前进。并让员工知道，5S不是一个月，两个月，三个月，而是每天十分钟，当养成习惯后每天可能五分钟就足够了。

2）标准化。标准化与改善是相辅相成的。如果只是不断改善而不进行标准化，就会边改边丢，导致管理水平难以维持。好的方法，要想不断地传承下去，就必须进行标准化，坚持执行，直到成为工作中的一部分，而后形成管理体系。

5S管理也是如此，在推行过程中得到的宝贵经验，如设备的清扫、管理办法、工具的放置方法、明确三要素时采用的方法等，如果不加以提升总结，不形成标准化，让更多的人从中学习，那么前期辛苦的价值就不能发挥最大的作用。同时随着改善的深入，标准也要不断修正。

4. 借助外力

从外部聘请有5S推行成功经验的顾问人员协助公司推行5S活动，有利于5S活动更快、更好地进行。

流程精细化

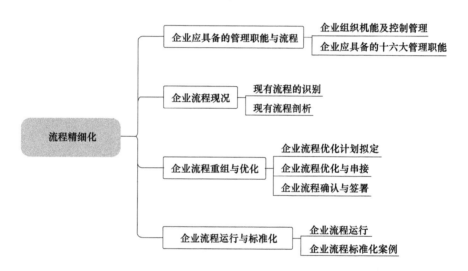

经历了改革开放和科技创新的发展，目前我们许多企业的流程体系都很健全，规章制度也很完善，但实际上部分企业仍存在粗放式管理的现象：流程体系和规章制度还仅停留于书面上，未落地实施；书面文件用于审核、检查等；日常运行的流程体系与书面文件又存在部分差异。一部分企业存在主管在做战略规划，老板却疲于奔命地去协调、管控生产运营，根本没有管理流程，资源浪费严重。

许多工厂都认为采用企业资源计划系统后，企业的管理流程自然就会顺畅，其实不然。在企业资源计划系统安装使用后，企业有可能会发现他们未减少任何工作流程，反而因为系统的使用操作，增加了一些专门的系统工作人员；还有些企业在运行企业资源计划系统后发现其与现有的工作流程存在冲突，为了避免出现问题，在系统工作流程审核完成后，还要再重新打印文件并审核、签字；甚至有些企业的系统人员因变动较大，在新进人员交接时，并未对新员工进行专门的培训与指导，因此造成部门与部门之间的沟通更为不顺畅，反而产生了更大的浪费。造成这些种种的原因，是企业对流程梳理与再造的忽视，无法形成企业内合理的工作流程。

3.1　企业应具备的管理职能与流程

很多人都认为工作流程仅适用于制造型企业，其实不然，非制造型企业同样适用，像医院和服务型行业也都可以利用5S、精益管理、六西格玛管理等工具进行改善，如对政府单位的行政部门进行改善，则可用流程再造进行精细化管理。流程管理在我们的生活中也是无处不在的，每天的日常活动就是流程。

3.1.1　企业组织机能及控制管理

企业部门工作流程如图3-1所示。

1）从信息收集开始：营销收集到的市场信息和行业信息应转交设计部门，由设计部门制订新产品设计计划和新产品总体设计方案、构想，并实施。

2）开发部门：进行材料的信息调研、搜集和性能比较。

3）技术部门：制订新产品工艺调整进度计划、试做备料、完善BOM表、制订工艺流程单与工艺操作标准。在此阶段，IE和品管部门也须参与标准工时、材料耗用、检验指导书等资料的准备工作。

4）成本部门：进行原材料成本核算及审核、工价审核、员工工资成本核算、新产品报价等工作。

5）营销部门：负责市场信息收集、市场开发、招标报价等工作。

6）业务部门：负责接单管理、交期跟踪、售后服务、客户档案管理等工作。

7）计划部门：根据在制品、成品的库存信息进行预排计划、评估产能并依据材料交期和产能制订方案、确保交期。

8）仓库部门：核查材料库存，确认材料的数量。

9）采购部门：根据计划、BOM表、材料库存数据等信息，展开采购工作。

10）生产前的准备环节须从人、机、料、法、环、测量等方面展开，需要行政、设备、技术、品管、物流等部门参与。

11）最后一个环节是财务部门的费用核算工作。

3.1.2　企业应具备的十六大管理职能

企业的每个部门、每个人都应有相应的工作职责和工作流程，应先明确相应的工作职责进而制订具体的工作流程。具体可先确定CEO的工作职责、工作流

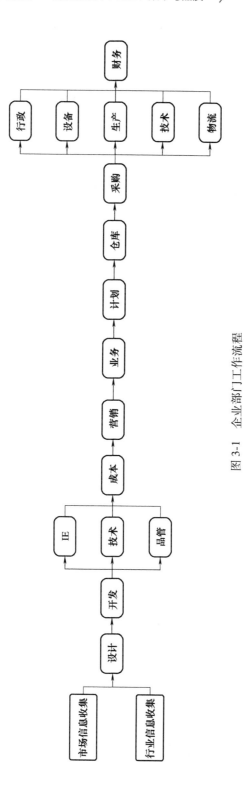

图 3-1 企业部门工作流程

程，再明确各职能部门的工作职责和工作流程、各部门负责人的工作职责和工作流程、组长的工作职责和工作流程，最后确定组员的工作职责和工作流程。

企业内各部门的工作流程经整理、串接后即进入试运行阶段，进行优化调整后可作为企业个性化定制 ERP 系统的工作流程，进而可进行数据化管理，如设定各部门的关键绩效指标（Key Performance Indicator，KPI）。

企业职能部门是指组织中对下属单位具有计划、组织、指挥权力的部门。

企业职能部门主要有以下两种类型：

（1）直线职能制　职能部门具有向下级单位下达工作任务或指令的权力。

（2）职能参谋制　职能部门不能直接向下级单位发布行政命令，需经共同主管同意方可，部门只有建议权、指导权和协调权。

企业部门职能主要包含以下内容：

1）明确本部门应该完成什么工作。

2）清晰地界定各部门之间的职能接口。

3）明确部门之间的衔接注意事项，减少交叉和真空地带。

企业应具备以下十六大管理职能：设计、开发、技术、IE、成本、营销、业务、计划、仓库、采购、生产、品质、设备、物流、财务、行政人事。并不是每个部门都需要一个主管，但却都需要相关职能的存在，有的部门的主管可由其他部门主管兼任，但有的是不能兼任的，如技术部门主管可兼任 IE 部门主管，但计划部门主管不可兼任品质部门主管，若出现品质问题影响出货时，从计划部门职责考虑应该优先保障出货，而从品质部门的职责考虑则是达不到品质要求的货物不允许放行。

1. 设计部门管理职能

1）负责设计管理体系的建立、维护。

2）结合市场、营销部信息及市场趋势，制订年、季度的新产品设计计划。

3）负责新产品设计方案的制订与实施工作。

4）负责设计进度的控制工作。

设计部门流程如图 3-2 所示。

2. 开发部门管理职能

说明：工作流程中包含多次的阶段评审与协调，图 3-3 仅进行简述。

1）材料的信息调研、搜集。

2）不同材料效果、性能比较。

3）按照年度计划表准时完成各阶段的开发样本。

开发部门流程如图 3-3 所示。

3. 技术部门管理职能

1）新产品工艺调整进度计划的制订。

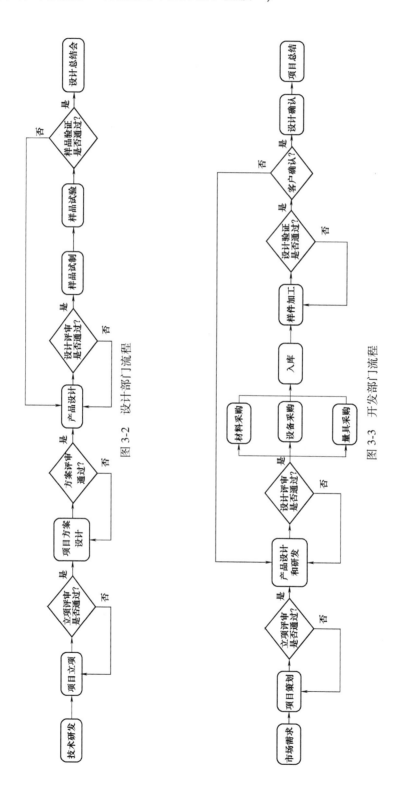

图 3-2　设计部门流程

图 3-3　开发部门流程

2）新增物料的编号、修改、删除及管理。

3）完善 BOM 表、试做备料。

4）确定材料规格和加工方式。

5）产前试做，定制工装、夹具。

6）制订标准作业指导书（Standard Operating Procedure，SOP）、标准检验指导书（Standard Inspection Procedure，SIP）。

7）召开工艺会，完成技术转移。

8）生产线工艺标准执行状况的辅导检查。

9）配合生产计划部门执行工艺调整计划。

技术部门流程如图 3-4 所示。

4. IE 部门管理职能

1）核算材料用量。

2）绘制相关图样。

3）及时测量标准工时。

4）制订各产品排线流程，协助组长排线。

5）依据工时制订各产品的计件工资单价。

6）各工序、工装夹具的改良。

7）计算各班组工作效率，提出改善建议。

8）平衡生产流程，提出设备及人员需求。

9）纠正员工不合理动作，减少浪费。

IE 部门流程如图 3-5 所示。

5. 成本部门管理职能

1）原材料成本核算及审核，督促各部门/车间降低消耗、节省材料。

2）工价审核和员工计件工资成本核算。

3）管理费用核算与监督（管理人员工资、设备维修费、折旧费、水电费等）。

4）营销费用核算与监督（广告费、展会费、推销费等）。

5）负责新产品成本报价。

成本部门流程如图 3-6 所示。

6. 营销部门管理职能

1）新客户、新市场的咨询收集。

2）客户销售状况的信息收集。

3）市场趋势及各种信息收集（转设计、开发）。

4）销售合同的签订、履行、归档管理。

5）根据企业整体战略制订营销目标和工作计划。

营销部门流程如图 3-7 所示。

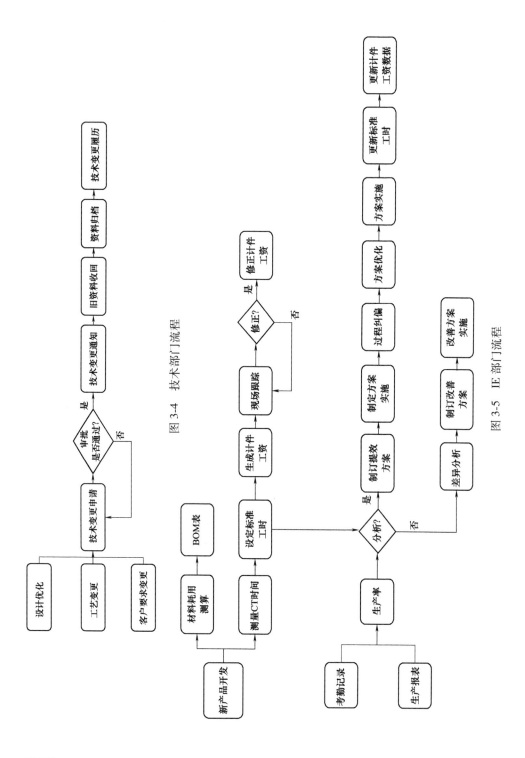

图 3-4 技术部门流程

图 3-5 IE 部门流程

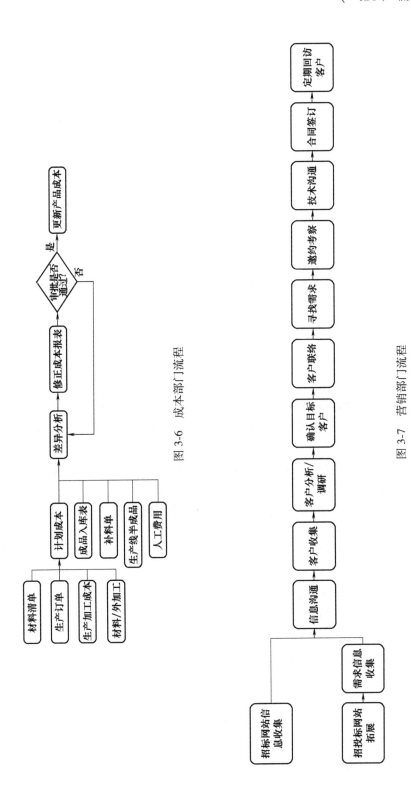

图 3-6　成本部门流程

图 3-7　营销部门流程

7. 业务部门管理职能

1）受理客户下单，汇总、整理、核对、分单。

2）开发进度管控，参加设备展、材料展，多元化、效率化开发。

3）退货处理、换货处理、投诉处理。

4）企业发展规划和年度计划的制订，对业务发展进程、策略、业务目标等做出明确规划。

5）客户资料档案、订单档案、出货单档案、销售统计档案等资料的管理。

业务部门流程如图 3-8 所示。

8. 计划部门管理职能

1）根据开发计划跟进产品的研发进度。

2）跟进生产用工具、器具进度。

3）排定并调整月计划、周计划、日计划。

4）每日查核欠料情况，并与采购、业务确认交期。

5）了解生产状况，追踪生产进度。

6）排除生产不顺畅障碍。

7）根据生产计划执行情况与业务部协调交货交期。

计划部门流程如图 3-9 所示。

9. 仓库部门管理职能

1）规划原材料、在制品、成品的仓库利用、管理，严格规范存放、保管各种物资。

2）规范各种原材料、在制品、成品的出入库、收发管理，严格执行先进先出等基本管理原则。

3）负责所管理各类物资的数据准确性，及时提交各类统计数据，做到账、物、卡一致。

4）保障各种物资物理、化学性能的稳定，维护负责所管理各类财物的质量。

5）依据企业材料领用制度，严格、及时地配给材料。

6）建立仓库管理制度，实施有效的物料供应保障并加快周转，降低库存压力和库存成本。

7）及时动态反馈库存数据、预警库存差异，对接生产计划和采购部，维护安全库存额度。

8）有效进行成品入库、发货与物流等的管理，并依据交付计划及时安排出货，以保障产品及时交付。

9）按照企业要求定期对材料进行盘点工作。

仓库部门流程如图 3-10 所示。

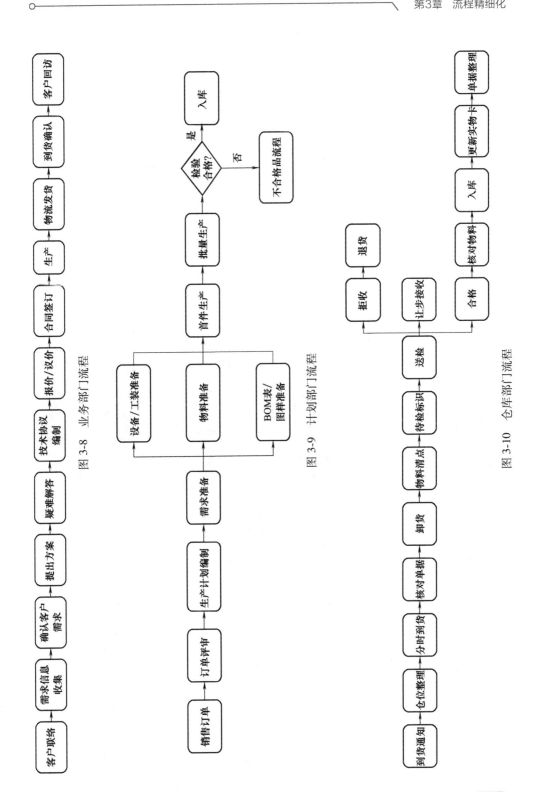

图 3-8 业务部门流程

图 3-9 计划部门流程

图 3-10 仓库部门流程

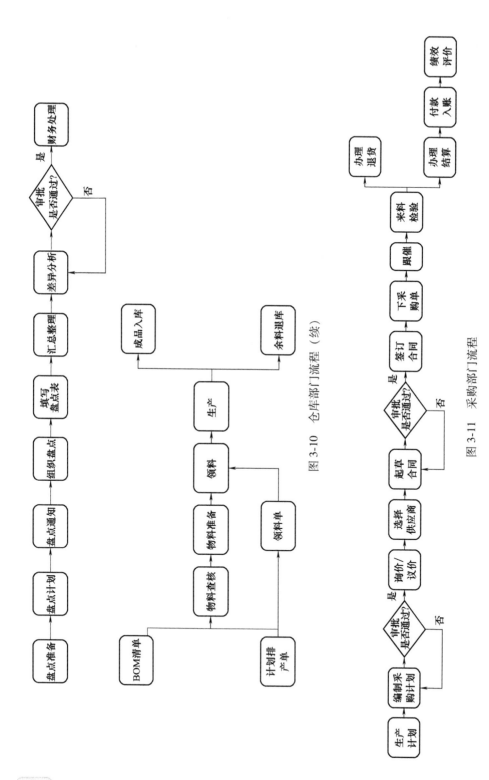

图 3-10 仓库部门流程（续）

图 3-11 采购部门流程

10. 采购部门管理职能

1）根据企业年度发展规划，制订年度采购计划。

2）结合各部门递交的物料需求信息制订临时采购计划。

3）各类物料、设备、产品外协厂的寻找开拓，保障充分的物料供应选择。

4）对供应商进行评审，确保满足企业要求。

5）定期对合格的供方进行评估、考核；建立各类供应商梯队建设，降低采购供应风险。

6）根据产品交付计划、产能、库存情况等，拟制物料供应计划，提供可靠的物料供应。

7）有效安排采购付款，降低企业资金占用量、采购成本和风险。

8）研究、监控各类物料市场行情并跟进价格情况，对采购价格及时调整，降低采购成本。

9）负责来料不良、退货等各种供应异常事件的处理。

10）参加和支持新材料开发、新订单评估，对采购供应保障能力予以评估。

采购部门流程如图 3-11 所示。

11. 生产部门管理职能

1）追踪生产管制排产计划。

2）在仓库领料，与技术部交接生产工具和技术资料。

3）SOP 执行与监督。

4）确保部门内部物料交接准确无误。

5）确认并控制各产品物料的耗用量。

6）管理各种设备、生产工具和技术资料。

7）按计划保质保量生产，确保交期。

8）办理退料手续。

9）推行企业管理体系及管理制度（5S、LEAN、KPI、ISO 等）。

生产部门流程如图 3-12 所示。

12. 品质部门管理职能

1）对原料和辅料、制造流程、出货进行检验、测试。

2）对生产流程进行巡检监控。

3）对品质异常问题和客户投诉事件进行统计、分析并持续改进。

4）负责原材料、在制品、成品检验规范的建立。

5）建立计量器具管理规范，对计量器具进行维护保养，并及时送检，以确保检测的准确性。

6）建立健全公司的质量管理体系，有效推行质量管理体系及其他相关协同体系。

品质部门流程如图 3-13 所示。

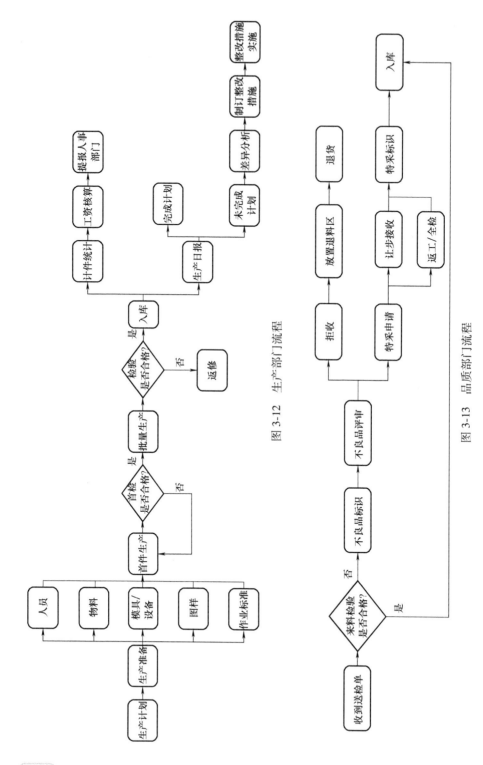

图 3-12　生产部门流程

图 3-13　品质部门流程

13. 设备部门管理职能

1）根据企业发展目标、当前产能及订单量等信息制订企业设备购置计划，提供购置设备的技术参数与标准，并对购置设备的技术进行审核，参加企业设备购置的选型、评估。

2）对新购设备进行安装、调试，以保障设备在良好运转条件下的交付。

3）制订设备、生产线操作规范，建立作业指导或管理制度，保障设备操作具有明确指导文件并顺利实施。

4）对操作人员进行设备操作培训，确保设备操作人员规范操作设备。

5）制订企业生产设备及相关设施的维护保养计划，并制订设备管理制度。

6）对设备实施维护保养，保障生产设备、生产线的良好运转。

7）建立企业设备管理制度，推进各项制度执行，并检查考核执行情况。

8）负责设备运行状态，故障管理、分析、处理、改进等措施的实施。

9）对接技术部门，有效发挥设备功能，提升工艺技术保障能力，满足生产对设备技术工艺的需求。

10）负责设备档案、技术资料的编制、审核和管理工作，确保资料的安全使用、存档和保密性。

11）负责备件采购、保存、发放管理，并做好相关记录。

12）对企业的固定资产进行实物管理，定期盘点，保证企业资产的完整安全。

设备部门流程如图3-14所示。

14. 物流部门管理职能

1）负责企业物流相关规章制度的制订、实施。

2）负责企业物流相关标准的制订、监督、实施。

3）负责企业物流网络资源的规划、配置。

4）负责企业物流绩效考核体系的建立、实施。

5）负责企业物流费用的审核与结算。

6）负责企业物流管理体系的安全管理工作。

物流部门流程如图3-15所示。

15. 财务部门管理职能

1）根据企业发展规划编制下达企业财务预算，并对预算的实施情况进行管理。

2）对企业的生产经营、资金运行情况进行核算。

3）及时、准确、完整地核算生产经营成本，考核计划执行情况，定期提供分析数据和财务分析报告。

4）协助制订企业预算，参与决策、投资，以及重大经济合同的可行性研究，收集、归纳和提供准确的财务信息，提交财务分析，及时报告财务重大事项。

5）负责编制对外报送的各种报表，并定期审核财务工作，做到账实相符。

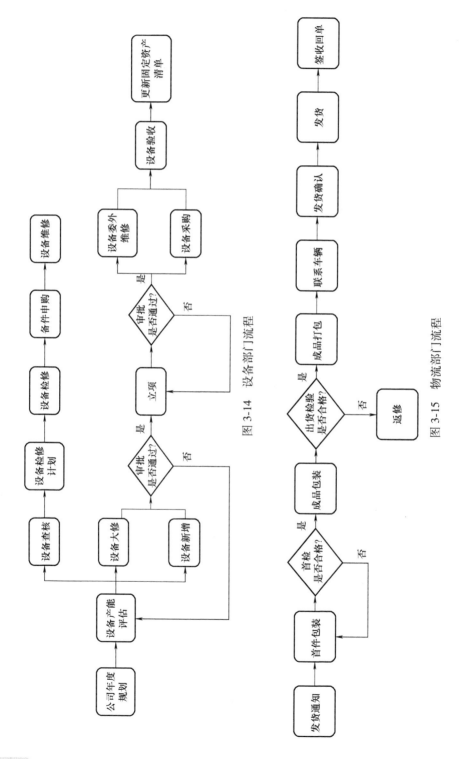

图 3-14　设备部门流程

图 3-15　物流部门流程

6）建立完善的财务档案，以备参考和查阅。

7）配合税务部门和会计事务所的审计、检查及协调工作。

8）建立完善的财务管理制度，规范报销、资金使用审批权限及应收、应付账款管理等。

财物部门流程如图 3-16 所示。

16. 行政人事部门管理职能

1）根据企业发展规划建立企业组织架构，并设置企业岗位和层级，明晰界定各层级组织和岗位权职，保证各责任可有效承担，有效支持企业业务发展。

2）根据企业发展规划战略，规范员工发展体系，帮助员工实现自身的职业发展。

3）预测和规划人员需求，开展人才引进招聘工作。

4）建立并完善的培训体系，完善包括培训档案在内的所有员工的档案。

5）建立公平有效、富有激励功能的薪酬体系，形成良好的劳资关系。

6）建立企业绩效管理体系并有效推行，开展对各员工和各层级人员的绩效管理，促进绩效提升。

7）建立企业文化体系，积极有效推进企业文化的传播和发展，促进员工对企业文化的认同。

8）负责建立企业人力资源管理制度、流程，并确保其在企业相关领域实施。

9）负责企业对外政府、事业单位等行政管理部门的统筹关系，维护因公业务需要与相应管理部门之间健康良好的关系，营造良好的外部公共关系环境。

10）负责企业公共关系机构来访客人的接待，并协助和支持各部门工作客户、业务伙伴的接待管理。

11）负责企业所辖领域的安全保卫、秩序维护事务，保障企业所辖区域的安全秩序。

12）规范企业车辆管理及车辆调度，保障车辆财产和交通安全。

13）依照国家安全生产等规定，建立健全工伤事故管理办法措施，并对工伤事故进行及时有效的处理和有效改善。

14）建立健全企业局域网、企业邮箱、企业电话等信息系统，有效维护和保障通畅沟通的需要。

15）负责企业各类文档的统筹管理，保障企业各种合同、文件、证书等文档资料的完整性、安全性，以及文档使用的规范性。

16）负责企业员工工作行为规范的建立，促进员工队伍素质的提升。

行政人事部门流程如图 3-17 所示。

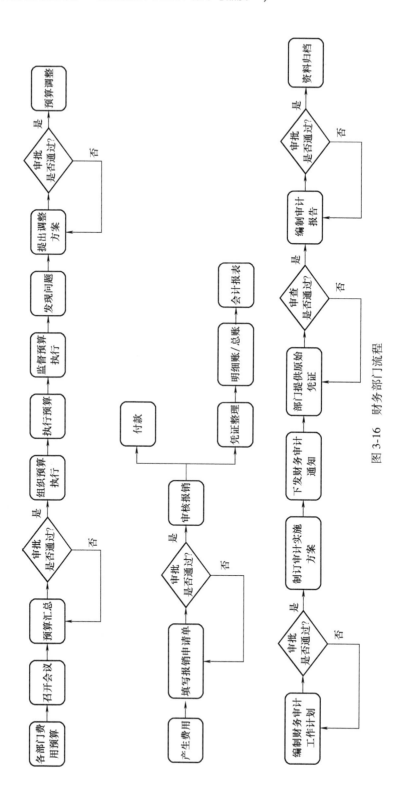

图 3-16 财务部门流程

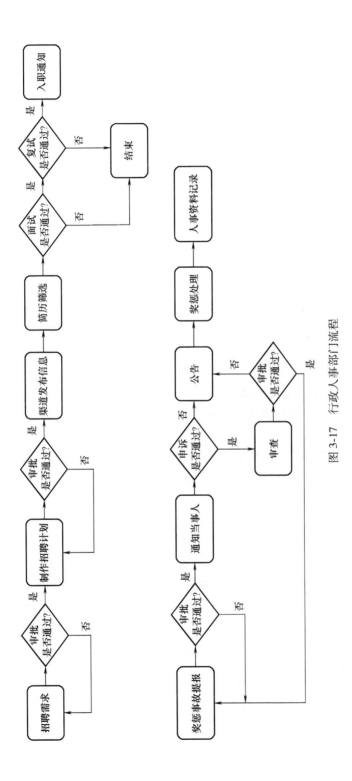

图 3-17 行政人事部门流程

3.2　企业流程现况

流程通俗地讲就是一系列有顺序的活动，如生活中的购物、看电影、看医生等，流程管理在我们的生活中是无处不在的。

企业业务流程是指企业为了实现某一共同目标，将一系列单独的活动组合在一起，实现将"输入"经过流程变化为"输出"的全过程。

1）流程管理就是将企业管理标准化、规范化、程序化的过程。

2）流程管理的目的是消除浪费。

3）流程管理以制度为保障，增加执行力，提升工作效率，提高竞争力，从而实现企业效益最大化。

4）流程管理的价值是降低运营成本。

5）流程管理的本质是让流程增值。

6）流程的六大要素。

① 客户：即工作流程服务的对象，对外来讲可以是个人或组织，对企业内部来讲是流程的下一个环节。

② 价值：指流程运作为客户带来的好处，不仅可以用货币来衡量，也可以表现为提高了效率、降低了成本等。

③ 输入：是运作流程所必需的资源，包括传统的人、财、物，也包括信息、关系、计划等。

④ 活动：是工作流程运作的环节。

⑤ 活动之间的相互作用：也称为结构，是环节之间的关系。

⑥ 输出：工作流程运作的结果。

3.2.1　现有流程的识别

企业建立的初期，工作流程是根据企业的实际情况进行构建的，但是随着企业的发展，需要对其流程进行识别、梳理和优化。

现在很多企业的工作流程在不同程度上会出现不适应其发展需要的情况。流程优化的第一步就是要对现有的工作流程进行识别，以下是相关步骤。

1）工作职责调研：与各部门进行沟通、互动，要求每人提交个人的工作职责，细化到每日的各项工作，可考虑按照每天从上班到下班的各项工作进行调研，统计每日例行工作、周例行工作、月度例行工作、季度例行工作和年度例行工作，最后进行汇总、梳理、优化。

2）对工作职责进行整理：梳理出个人的工作项目、此项工作的价值、花费时间占比等内容。

3）梳理工作职责项目与岗位的匹配程度，若有项目属于兼职的工作内容，可暂时兼职，待流程整体梳理完成且试运行后，再进行相应的调整。

4）结合工作职责与相关人员进行沟通，可以用谈话的方式沟通、互动，采用手绘的方式绘制简单的工作流程。

5）结合企业现状对手绘的工作流程进行调整并结合相关软件绘制出流程图。

表3-1所示为企业生产管制部门负责人的工作职责，可供参考。

表3-1 企业生产管制部门负责人的工作职责

生产管制部门负责人工作职责			
序号	工作项目	工作内容	花费时间占比/%
1	主计划编制	主生产计划、物料计划的编制与汇总	15
2	主计划更新	各分厂生产日报表的汇总并及时更新主生产计划	15
3	产值日报汇总	各分厂生产产值日报的汇总并上报	10
4	生产计划管控	产品零件生产计划、下料计划与工作协调，确保生产顺利进行	10
5	生产问题协同	生产所需物料、图样的跟催工作，确保生产顺利进行	10
6	物流转运工作管控	协调、督促生产车间零部件的流转及转工序工作	10
7	生产过程管控	协调解决生产过程中出现的问题	15
8	生产计划跟踪	各分厂生产计划执行情况的检查及落实工作	10
9	紧急订单协同	紧急订单的安排和调度	5

以下工作流程为某企业生产管制部门现有的工作流程：

（1）新产品 ERP系统下排产计划单→技术ERP系统录入BOM表→第一车间计划员通知销售系统做销售订单→物料资源计划（Logistics Resources Planning，LRP）系统生成→LRP系统维护。

1）成品车间计划员下达成品生产订单→生成领料申请单。

2）第一车间计划员下达半成品生产订单→生成领料申请单→第一车间仓库发料，材料出库→第一车间计划员做半成品入库→第二车间仓库发料，材料出库→第二车间计划员做成品入库。

（2）老产品 ERP系统下排产计划单→第二车间计划员通知销售系统做销售订单→LRP系统生成→LRP系统维护→第二车间计划员下达成品生产订单→生成领料申请单→第一车间计划员下达半成品生产订单→生成领料申请单→第一

车间仓库发料，材料出库→第一车间计划员做半成品入库→第二车间仓库发料，材料出库→第二车间计划员做成品入库。

3.2.2 现有流程剖析

结合企业现状对目前在运行的工作流程进行分析、诊断，可参考以下步骤执行：

1) 陈述企业目前存在的问题，如组织架构不合理、管理工作以罚代管等现象。

2) 分析流程存在的问题，部分企业存在为了满足形式上的流程而单独设立流程的现象，有些在生产现场就需要马上处理解决的问题，反而要等系统流程完成后方可开始处理，造成浪费严重，如简单的设备故障可由生产操作人员直接通知维修人员在现场进行处理，不需要等系统流程的处理进度。

3) 进行关键流程分析，如系统排产流程、订单评审流程复杂、效率低下。

4) 综合结果并出具建议方案，如流程简化、步骤整合、减少流程中非增值的活动等优化方案。

3.3 企业流程重组与优化

流程优化不但包括指导企业职能组织做正确的事，还包括指导企业职能组织如何正确地做这些事。流程优化就是对现有工作流程的梳理、完善和改进的过程。流程优化可以帮助企业更好地面对新的环境、以职能为中心的管理模式下产生的问题，可以帮助企业衡量绩效的关键（如质量、成本、交货期等）并能取得突破性的改变。优化后的流程需满足以下三点：

1) 符合企业战略规划要求，如企业的组织架构应满足企业发展要求，管理团队需要责任心强、执行力高。

2) 消除企业的管理浪费，如通过流程梳理再造消除流程浪费，实现企业效益最大化。

3) 为企业创造价值，如简化整合后的流程使企业轻装上阵，更好、更快地实现企业的创新发展。

流程优化是一个持续的工作，要根据企业的发展对工作流程进行不断调整、改进，以期取得最佳的效果。

3.3.1 企业流程优化计划拟定

1. 流程优化的实施步骤

（1）总体规划 确定流程优化的范围、项目里程碑。

（2）流程识别及诊断分析 识别流程现状，分析与诊断企业现有的流程。

（3）流程优化设计　明确改进方向及流程优化设计，确定优化方案。

（4）项目实施　制订到主节点的工作计划，组织实施。

（5）项目评测和持续改进　评估项目效果，并持续地对流程进行优化、改进。

2. 根据调研的现状制订流程优化计划

1）第一步应从企业的十六大职能部门开始梳理流程。

2）第二步梳理各部门的主工作流程，如生产管控部先梳理排产流程。

3）第三步再做各部门的分工作流程，如新产品试产等工作流程。

3.3.2　企业流程优化与串接

流程的梳理要结合部门的工作职责，根据工作职责定义出流程的各节点，再进行串接，并结合目前企业在运行的流程进行优化。优化后的流程需要与各部门进行讨论、互动，并根据企业的现状进行调整。

1. 工作流程优化可按照以下步骤进行

1）工作职责的整理、梳理、优化。

2）工作流程相关的输入、输出，以及资料的整理、完善。

3）确定工作流程的起始点和结束点。

4）通过交谈、沟通的方式列出工作流程的节点。

5）现场验证和访谈。

6）在工作流程中标注出关键节点。

7）与相关部门进行讨论、回顾和修改。

8）再次进行现场验证和访谈。

9）在工作流程中添加检查、审批、修订等步骤。

10）工作流程图获得一致意见。

2. 企业的生产管制部工作流程有以下问题点

1）新产品若无产品 BOM 表、ERP 系统则无法下达销售订单，只能靠人去适应系统，增加了浪费且效率低下。

建议改善方案：技术部门必须在销售对订单评审前注明产品编码并在系统中维护产品编码，订单评审完成后由销售在系统中下达销售订单并走系统流程，技术同步准备图样、BOM 表等相关技术资料。

2）当将订单进行拆解生产或生产计划数量与订单数量不一致时，物料用量需要经由人工计算。

建议改善方案：当销售订单在系统中转为生产订单时，将订单按照日产能进行分解为日生产计划，每日按照日计划生产，杜绝人工干预系统。

3）当物料仓位不全时，需要手工添加和修订。

建议改善方案：当开发新产品时，技术部门先规划生产工艺、工序，编制各物料的仓位，当新增物料编号时将仓位等信息维护到位。

4）当不同工序的人员开领料单时，每个工序的生产物料需要经由人工筛选。

建议改善方案：当开发新产品时，技术部门先规划生产工艺、工序，并对BOM表进行分层管理。

5）LRP系统未使用，物料申购为人工核算，工作量大且增加了出错机会。

建议改善方案：梳理生产计划，通过在制品调控生产计划，将销售大计划分解为周计划、日计划等小计划，结合在制品、仓库库存等数据，利用LRP自动生成材料需求计划，从而降低劳动强度，减少流程浪费。

优化后的生产管制部工作流程如图3-18所示。

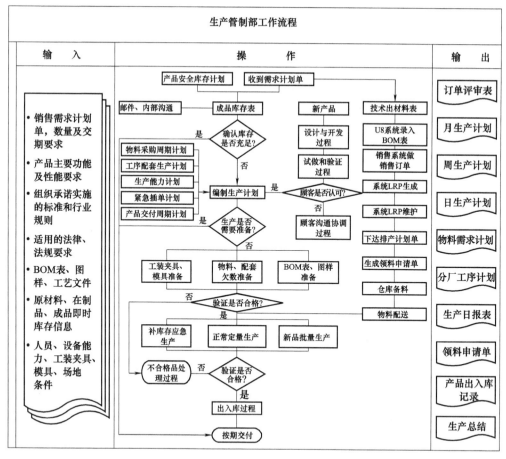

图3-18　生产管制部工作流程

3.3.3　企业流程确认与签署

流程在互动、调整、优化等工作完成后，即可与各部门对优化后的流程进行确认，流程确认完成即可进入签署环节。

3.4　企业流程运行与标准化

流程在签署完成后，即可进入试运行环节，首先制订工作流程试运行计划，在流程试运行期间可以与原有流程并行运行，并对运行中出现的问题进行记录，组织相关人员进行沟通、互动。

3.4.1　企业流程运行

1. 在工作流程试运行前应明确流程相关人员的工作职责

1）明确工作流程的所有部门、具体负责人。

2）制订工作流程试运行计划表，计划中必须注明起止时间，由综合管理部统一发出通知。

3）流程责任人负责工作流程试运行期间的部门内、跨部门的协调、沟通工作。

4）对工作流程所涉及的人员进行工作流程培训工作，确保工作流程和相关文件执行到位。

5）收集工作流程试运行期间的问题并及时协调解决。

6）监督流程试运行的过程，组织推进工作流程的持续优化。

2. 工作流程试运行的过程管理

在工作流程试运行过程中，流程责任人、工作流程相关人员对工作流程试运行过程中的各类问题进行记录，提出改进建议并及时采取改进措施。

3. 工作流程试运行过程的三类基本问题

1）工作流程设计问题：对于工作流程描述不清晰、工作步骤复杂等问题进行记录、修订，并及时修订工作流程图。

2）试运行过程中发现工作流程业务上的问题：如企业组织架构、人力资源配置等问题，应提报管理高层做决策并进行相应的调整、优化。

3）工作流程的组织问题：工作流程在试运行期间所发生的各类组织协调问题，同样需要记录并及时解决。

4. 流程再优化

工作流程在试运行、优化、完善后，即进入发布、生效阶段。企业可将各职能部门的工作流程进行串接，形成企业的大流程，可为企业上 ERP 系统管理提供流程支持，企业也可以通过企业大流程制订适合企业的个性化系统，以更好地指导企业，实现效益最大化。

随着企业的发展，工作流程也需要不断优化，因为在企业发展到一定阶段后，工作流程可能就会造成更大的浪费，甚至可能阻碍企业的发展。工作流程不间断优化的过程就如同精益管理、六西格玛管理等，需要持续进行改善、持续优化，将浪费降到最低，以适应企业的发展。

5. 总结与检讨

工作流程试运行结束后，相关责任人及工作流程相关人员必须对流程图和相关文件进行修订、优化、完善和版本升级，整理工作流程相关的文件，如输入、输出文档等。编写工作流程的说明文件，对流程相关的活动进行详细说明，要思路清晰、通俗易懂。

总结和编写工作流程试运行过程中的成功和失败的案例，具体可细化到具体的每一项工作，可通过举例进行详细说明，并进行详细的分析、说明、改善等，为后续的工作流程优化提供参考。

3.4.2　企业流程标准化案例

1. 开发技术部工作流程（见图 3-19）

开发技术部工作人员工作职责：

（1）技术总监工作职责

1）组织新产品开发、产品改良规划工作并监督。

2）建立企业质量管理体系并检查与监控。

3）组织、参与客户交流，解决合同和售后的技术问题。

4）员工队伍建设，提出并审核下属人员的调配、培训、考核。

5）组织建设技术团队，参与招聘、考核等工作。

6）其他工作。

（2）技术组长工作职责

1）图样设计。

2）为生产、销售、质检、售后、采购等部门提供技术支持。

3）对生产工艺进行改进，新工艺文件进行编制等。

4）新产品、新工艺的开发、改进等。

5）企业内部技术文件的编制、审核。

6）员工队伍建设，提出并审核下属人员的调配、培训、考核。

7）其他工作。

（3）技术员工作职责

1）负责图样设计和程序下发。

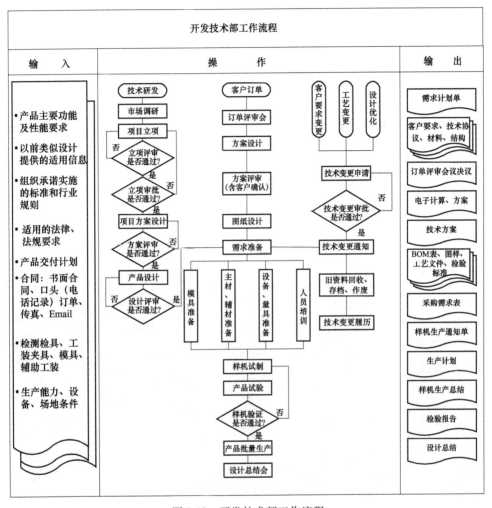

图 3-19 开发技术部工作流程

2）为生产、销售、质检、售后、采购等部门提供技术支持。

3）对生产工艺进行改进，新工艺文件进行编制等。

4）生产图样、BOM 表的录制。

5）其他工作。

（4）工艺员工作职责

1）编制各工序工艺卡片和作业指导书。

2）产品标准工时的测量、分析、改善等。

3）对生产过程进行技术指导，及时解决生产过程中出现的工艺问题。

4）设计符合工艺流程的工装夹具，并改进工装夹具，寻找适合生产的工具、设备等。

5）参与产品售后，不良品回厂分析。

6）按技术要求进行有关工序的试验、测量、数据搜集等。

7）参与供应商审核。

8）进行新供应商样品检验并出具报告。

9）其他工作。

2. 质检部工作流程（见图 3-20）

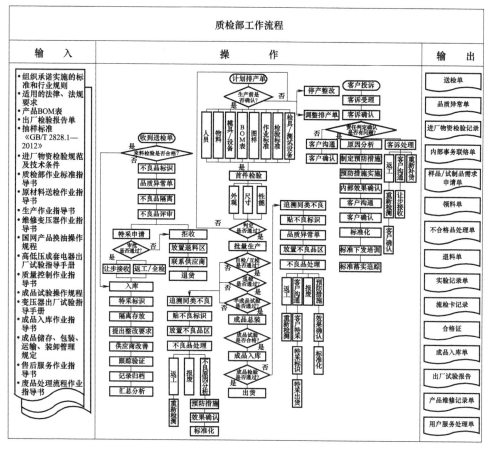

图 3-20　质检部工作流程

质检部工作人员工作职责：

（1）质检部部长工作职责

1）企业的全面质量管理工作和相关质量检验标准的制定。

2）企业质量管理体系认证工作的接待、申报并按认证要求贯彻实施。

3）组织企业内审和接待外审，并对不符合项进行跟进与整改。

4）外购原材料、半成品、成品的检验、试验工作。

5）向上级领导及相关部门及时传送产品质量信息并对不合格品实施评审分析。

6）对重大质量事故及时报告，并采取有效的纠正预防措施。

7）检测设备、仪器、仪表的管理，确保检测设备均在校验有效期内。

8）5S和试验安全的管理。

9）部门人员的技能培训工作。

10）其他工作。

（2）实验室主任工作职责

1）严格遵守企业各项规章制度，服从领导工作安排。

2）指导实验员严格按照标准要求做好各项产品的试验，并保证试验结果真实准确。

3）对试验不合格分析原因和提出纠正措施，杜绝类似问题再次发生。

4）实验员的工作安排和考核。

5）制定产品试验标准，并按标准执行。

6）负责试验原始数据资料的归档保存工作。

7）区域的5S和安全管理工作。

8）其他工作。

（3）实验员工作职责

1）严格遵守企业各项规章制度，服从领导工作安排。

2）严格按照国家和主管部门颁布的试验规程进行试验操作，按时完成任务，并对试验数据的正确性负全面责任。

3）严格遵守安全操作规程，发现安全问题应及时报告并采取措施。

4）正确使用各种仪器设备，仪器设备不得超过检定周期工作，发现异常应及时报告。

5）认真填写原始记录，根据试验数据编制合格证并打印铭牌。

6）做好原始数据资料的归档保存工作。

7）区域的5S和安全管理工作。

8）其他工作。

（4）质检员工作职责

1）严格遵守企业各项规章制度，服从领导安排。

2）严格遵守安全操作规程，发现问题及时报告并采取措施。

3）对原材料、半成品、成品严格按标准进行检验，并做好检验记录。

4）正确使用检测仪器设备，发现异常及时报告，并对整改后的产品质量再次进行检验。

5）做好每月的质量检验报表汇总工作。

6）其他工作。

（5）文员工作职责

1）每日考勤管理。

2）每日质量日报统计、每周质量周报统计、每月质量月报统计。

3）每周来料、过程、检验报告资料收取，纸质资料存档。

4）每周工作计划统计。

5）每月部门工资计算。

6）文件下发、回收、记录。

7）其他工作。

3. 综合管理部工作流程（见图3-21）

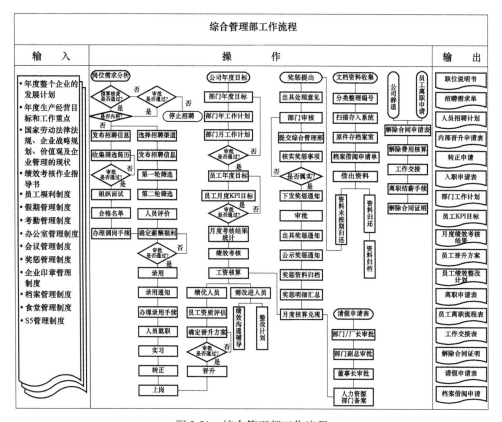

图 3-21　综合管理部工作流程

综合管理部工作人员工作职责：

（1）综合管理部部长工作职责

1）企业的行政管理工作。

2）企业各项制度的制订和实施。

3）人员招聘计划与落实。

4）员工绩效管理及薪酬的制订实施。

5）档案管理、会议管理及后勤的保障工作。

6）企业固定资产的管理。

7）企业内部培训管理。

8）劳动关系管理。

（2）招聘专员工作职责

1）新员工入职手续的办理。

2）离职人员流程办理。

3）转正、晋升、加薪人员统计、汇总、报批、归档等工作。

4）办公用品的请购和发放。

5）档案管理工作。

6）员工五险一金管理。

（3）绩效考核专员工作职责

1）编制绩效考核制度和考核方案，执行情况跟踪。

2）月度绩效考核结果的统计、汇总。

3）组织绩效评价面谈、接受员工绩效申诉等工作。

4）负责奖惩处理及通报。

5）负责企业的招聘工作。

（4）薪酬核算员工作职责

1）企业人员考勤统计及异常处理等工作。

2）餐卡办理、充值、餐费统计及资料管理。

3）特殊定额津贴统计、报批。

4）工资表的编制、报批。

（5）宣传专员工作职责

1）完善企业培训管理制度，收集培训资料并组织培训工作。

2）企业企业文化建设和宣导。

3）组织开展企业群众性活动和工会活动。

4. 营销中心工作流程（见图3-22）

营销中心工作人员工作职责：

（1）营销中心部长工作执掌

1）负责销售需求单交货时间的沟通及订单的审核与及时下发。

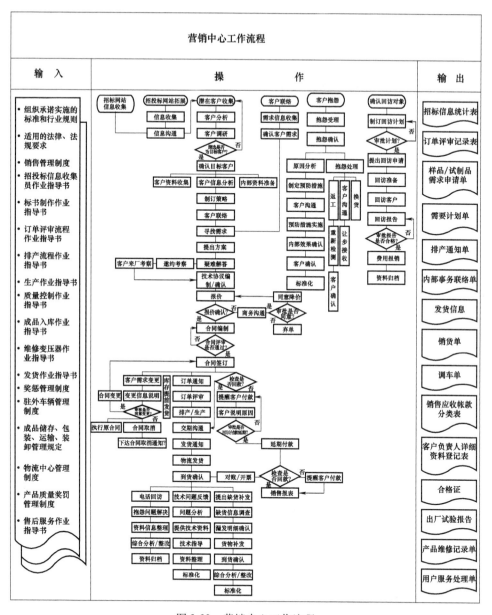

图 3-22 营销中心工作流程

2）负责销售发货单据的审核、月度销售报表的审核。

3）负责合同管理的监督及审核工作。

4）对本部门人事安排，对所属人员实施绩效评核。

5）负责月初制订销售员的月度回款计划及费用计划的申请。

6）负责督促销售员回款的跟进。

7）负责配合商务部按时做好销售员的提成工资。

8）售后问题及时反馈至相关负责人，并定期做售后回访工作。

9）信息传递管理。

10）其他工作。

（2）内勤文员工作职责

1）负责销售需求单的初步完成工作。

2）负责市内销售员合同及其他资料的制作工作。

3）负责销售登记表的核对。

4）负责办公文具的申请及领取发放。

5）负责开具销售收据。

6）负责跟进发货签收单的返回情况及录入工作。

7）负责客户来办公室的接待工作。

8）负责5S和安全管理工作。

9）其他工作。

（3）售后文员工作职责

1）负责业务经理售后问题的收集，并以用户处理单的形式下发至相关单位。

2）负责售后问题传达后的跟进情况。

3）负责与客户联系售后问题的现场处理技术人员的到位情况、回访情况并记录。

4）负责售后出差人员的考勤管理、费用单据的核算与初审工作。

5）负责月度售后问题的汇总、售后材料的跟进与处理工作。

6）其他工作。

（4）销售员工作职责

1）认真执行企业的各项管理制度及部门管理条例。

2）根据市场需求及发展情况及时制订应对措施，经批准后实施。

3）填写客户需求分析表、执行工作计划。

4）在企业授权范围内，代表企业与客户签订产品销售合同。

5）跟踪合同执行，完成企业下达的销售计划。

6）积极做好市场拓展与维护，维护企业的良好品牌和声誉。

7）及时回款，以保障企业资金回笼。

8）塑造企业品牌形象，做好对外宣传工作。

9）其他工作。

5. 设备部工作流程（见图 3-23）

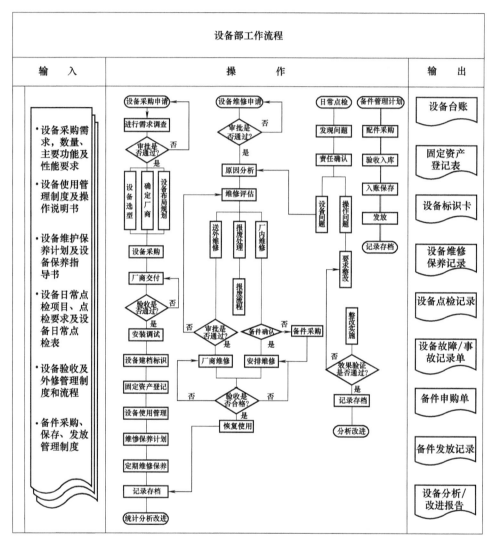

图 3-23　设备部工作流程

设备部工作人员工作职责：

（1）设备部部长工作职责

1）建全部门规章制度、业务流程、工作标准、岗位规范，并监督执行。

2）制订设备维修、保养、检修计划，并组织安排实施。

3）设备和备件采购计划审核。

4）设备委外维修、备件委外加工安排。

5）做好维修费用、工序成本费用的核算，并分解责任，落实考核。

6）建设员工队伍，提出和审核下属人员调配、培训、考核。

7）其他工作。

（2）设备部文员工作职责

1）负责部门人员考勤管理。

2）编制上报有关设备的各种报表，做好相应的统计分析工作。

3）备件采购信息统计、计划编制。

4）备件采购进度跟进。

5）设备的定期盘点及记录。

6）部门员工的工资核算。

7）其他工作。

（3）设备部维修工工作职责

1）负责设备的日常维修、保养工作，并做好相关记录。

2）负责日常设备巡检，并检查生产单位设备点检的执行情况。

3）设备的验收、安装、转移及报废处理工作。

4）对设备故障原因进行分析，并制订落实改进计划。

5）根据保养计划，定期对设备进行保养工作。

6）其他工作。

6. 采购部工作流程（见图3-24）

采购部工作人员工作职责：

（1）采购部主管工作职责

1）审核采购计划，确保准确性。

2）负责企业相关商务谈判，合同评审及签订。

3）负责供应商关系维护与管理。

4）企业采购业务汇总分析，需要时向管理层汇报。

5）部门日常事务处理。

6）指导协助下属工作。

7）其他工作。

（2）采购员工作职责

1）负责采购计划的下达、追踪、落实。

2）负责的采购业务汇总、分析及系统处理，并上报主管。

3）负责不合格品及其他异常处理，确保生产正常进行。

4）现金采购的请款、结算手续办理。

5）其他工作。

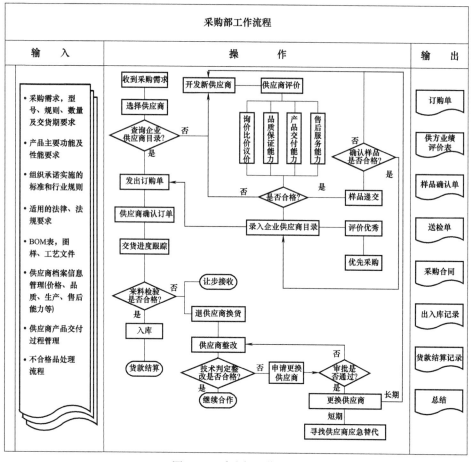

图 3-24　采购部工作流程

7. 仓储物流工作流程（见图 3-25）

仓储物流工作人员工作职责：

（1）仓储物流主管工作职责

1）及时、合理地调配车辆并安排装运成品。

2）负责安排仓库与车间之间的半成品或成品的转运。

3）负责监督各仓库保管员的工作及协调。

4）负责监督仓库常规物料的申购。

5）负责配合人力资源部门对本部门的人事安排及绩效评核。

6）负责协助部门内审、管理评审及相关方的审核工作。

7）负责对物料异常以书面信息或邮件的形式汇报工作。

8）其他工作。

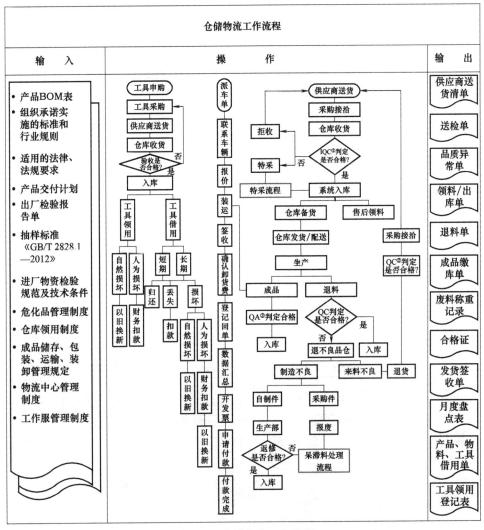

图 3-25　仓储物流工作流程

（2）仓库管理员工作职责

1）根据供应商送货清单对物料核对后通知采购。

2）物料送检工作，检验合格后入库。

3）根据领料申请单配合相关部门进行领料工作。

4）到货材料对数、称重。

5）不合格物料及时通知采购，要求采购协调供应商更换。

6）对分厂自制送来的物料对数、清点、归位。

7）每天车间退回仓库的废料称重、登记。

8) 做好仓库各种原始单据的传递、保管、归档工作。

9) 外加工材料的收货。

10) 工具及劳保用品借用归还登记。

11) 定期或不定期地向上级报告呆滞积压物料的数据。

12) 仓库区域的 5S 和安全管理工作。

（3）成品仓库管理员工作职责

1) 按照销售开出的销货单对发货产品跟进与落实。

2) 负责每天完成对应的发货签收单工作。

3) 负责配件仓库的出入库管理及包装箱的申购。

4) 负责每月废铁清理、过磅等工作。

5) 负责材料的入库审核工作。

6) 负责成品月底的盘点工作。

7) 其他工作。

8. 仓库标准管理工作流程（见图 3-26）

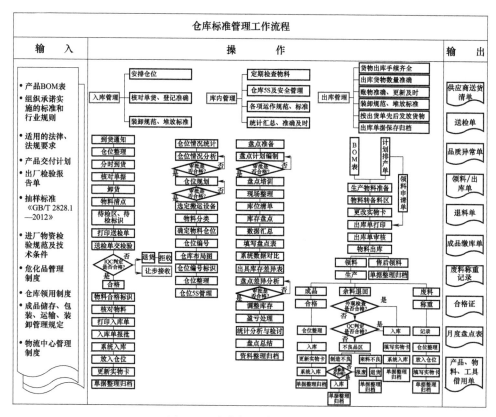

图 3-26　仓库标准管理工作流程

9. 安装工程部工作流程（见图 3-27）

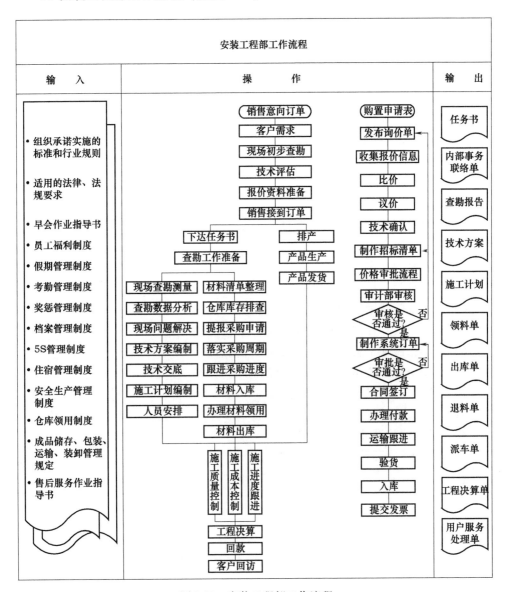

图 3-27　安装工程部工作流程

安装工程部工作人员工作职责：

（1）安装工程部部长工作职责

1）负责工程现场查勘测量。

2）负责解决施工中的疑难问题。

3）负责工程中各项技术的交底。

4）负责施工进度计划安排实施。

5）负责施工成本控制。

6）负责施工过程质量检测。

7）负责工程决算。

8）负责施工安全。

9）负责部门人员管理，对外工作衔接。

10）负责部门日常工作审核。

11）其他工作。

（2）内勤文员工作职责

1）负责用车申请流程办理。

2）负责合同所需材料的请购和跟进回厂，以及材料出库手续办理。

3）负责工程合同管理存档。

4）负责合同结案，并开具发票给客户。

5）负责部门人员工资核算。

6）负责部门费用报销、付款流程办理。

7）负责将收到外包商开具的发票整理后提交财务。

8）依项目做施工费用统计、成本结算汇总。

9）负责每月办公用品的申请及领用。

10）负责安装人员工程保险购买。

11）负责来宾接待。

12）负责消防设计备案的办理。

13）负责领导安排的临时性工作。

PMC的精细化管理

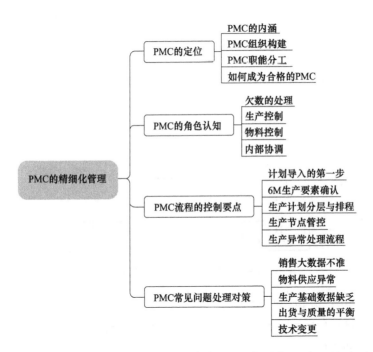

計划部门是企业的大管家，如果没有专门的计划部门去协调企业的生产，就会出现经常性的停工待料、产品无法按期交付等现象。有些企业虽然也有计划部门，但对自身定位理解不清晰，认为计划部门只要及时下达计划就可以。对计划调控的方法、技巧也不是很了解，编制的生产计划，生产部门认为不合理、销售部门认为无法满足出货要求，如此等等。

PMC必须要明确本部门的工作职责和工作流程，而且要有自身的生产管控排程制度，甚至系统。同时除了管控生产的进度之外，更要管控好开发技术的进度，如此才能保障企业生产正常的运行。

4.1 PMC 的定位

4.1.1 PMC 的内涵

PMC 由 Production Material Control 三个单词的首字母构成，即生产及物料控制，通常分为两个部分：

PC：生产控制或生产管制（简称生管），主要职能是生产的计划与进度控制。

MC：物料控制（简称物控）主要职能是物料计划、请购、物料调度、呆料预防和正常进出料管控等。

4.1.2 PMC 组织构建

PMC 组织架构，取决于企业规模及企业大的组织架构。如果 PMC 只是单纯的计划工作，一般就是 PC 和 MC 两个大的部分。图 4-1 所示为某企业 PMC 组织架构图。

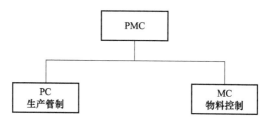

图 4-1　某企业 PMC 组织架构图

该企业 PMC 由 PC 和 MC 两大部分组成，其中 PC 主要负责产能计划、生产计划、生产进度控制三个方面的工作；MC 主要负责物料需求计划和交货计划的制定及物料的管理。

有些企业因为规模不是很大，且产品种类较为单一，为方便管理和协调，将采购和仓库也划分到 PMC 部门。图 4-2 所示为某企业 PMC 部组织架构图，包含了采购和仓库。

该企业 PMC 部由生产管制、物料控制、仓库、采购四个部分组成，各职能主要工作职责如下：

1. 生产管制人员的职责

1）生产管制承接业务所下的订单。

2）根据订单的数量、产能分析，以及原材料交期（采购周期），做好订单评审。

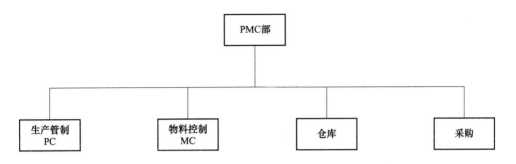

图 4-2　某企业 PMC 部组织架构图

3）负责每月生产计划的汇编。

4）负责每日的生产排程安排。

5）统计每日的产量。

6）负责召开生产会议及产销协调。

7）负责每月生产实绩的统计及生产目标差异分析及改善。

2. 物料控制人员的职责

1）计算订单的材料需求量，制订物料需求计划。

2）依据物料需求计划提交物料申购单。

3）随时与采购及仓库相关人员做好物料信息交流及跟催，避免生产线、断料。

4）共用性材料安全库存的设定。

3. 仓库人员职责

1）负责仓库所有物料（成品、半成品、原材）的账务管理。

2）负责仓库日常安全、5S 管理等。

3）负责出入库及领发料作业。

4）负责仓库库存及呆滞料的提报与管理。

5）负责先进先出管理及出货作业。

4. 采购人员职责

1）对所采购原物料交期进行掌控，以满足生产所需。

2）依据物料控制人员所核算的各笔订单的材料需求量，逐笔发给厂商订购单。

3）负责采购价格的询价、议价、比价，降低采购成本。

4）负责供应商的开发与管理。

5）负责采购质量保障及异常处理。

4.1.3 PMC 职能分工

PMC 的工作主要分为 PC 和 MC 两大块。

1. PC 的主要工作

（1）产能规划　产能是指在计划期内，企业参与生产的全部资源（包括人员、设备、物料、场所等），在既定的组织技术条件下，所能生产的产品数量，或者能够处理的原材料数量。产能计划主要包括两大部分：首先是企业已有的能力或通过短期调整可以达到的能力；其次是通过一定的技术改进或管理手段而增加的能力，一般周期相对较长。

产能计算一般有经验值预估和标准工时计算两种方法。经验值预估是常用的产能计算方法，经验值可以通过与员工访谈得来（为确保数据更精确，需要与多个员工沟通，并且选择表现较好的员工进行了解），也可以通过日常产量报表进行粗略计算，实际中常常两种方法结合使用。表 4-1 所示为某车间主要工序产能定额明细表（经验值）。

表 4-1　某车间主要工序产能定额明细表

序号	工序	8h 产量/支	搭配人数	人均时产能/[支/（h·人）]
1	卧式注塑	9000	1	1125
2	立式注塑	8800	1	1100
3	植毛	7000	1	875
4	热合	8000	2	500

有了工序产能定额后，就可以根据订单情况合理调整各工序人数，产能规划也相对更准确。对于符合条件的企业，可以通过测定标准工时（CT）的方法来计算产能。

（2）生产计划　生产计划是依客户交期、材料到位时间、试做完成时间，并结合工艺流程、产能，确定生产的产品、数量，同时确保进度和质量。生产计划既要考虑满足客户所需要的产品数量、交期，也要考虑企业自身的成本。

当客户的订单较小时，要考虑企业是否便于生产、物料是否便于采购；当客户采购的数量少于最小应订购量时，要考虑处理方案。以轮胎厂的挤出工序为例，生产一条轮胎所需的物料、所用的时间跟十条轮胎是没有什么区别的，因为挤出机螺杆必须要填满胶料。如果客户只需要两条轮胎，而企业实际投入了十条轮胎的成本，多余的八条轮胎如何处理，这些都要在做生产计划前考虑。

按划分方式的不同，生产计划主要有两种类型。

1）按时间周期划分。

① 长期计划：主要是年度计划。年度生产计划要在年度计划期内，从整体上统一考虑生产资源的合理使用，以期获得最佳效益。由于它的时间跨度可能有一年以上，在这段时间内，对企业而言，市场需求是不确定的。

长期计划是基于企业可能已经有部分意向订单，但企业还没有达到相应的生产能力，另外企业也没有完全掌握市场对各种不同品种的需求，为了满足客户要求，企业需要就此做一个计划。可想而知，这个计划不可能十分详尽，至少它不可能安排详细的品种计划，而是只能依据部分订单和市场预测的信息，对企业一年内的生产做预测，并做好相关生产资源的准备计划，如新设备的采购、相关资质的认证等。

表 4-2 所示为某牙刷公司的年度销售计划，里面包含有公司各系列的大概销售计划，也包括还在试做的新品。根据年度销售计划，结合公司现有产能，可以先评估工厂的机器设备是否足够，具体分析见表 4-3。

表 4-2　某牙刷公司的年度销售计划

序号	型号	规格	××××年销售明细	
			销售标准/件	销售标准/支
1	1104A	300	4000	1200000
2	2108	300	3500	1050000
3	2110	300	4800	1440000
4	……	……	……	……
	总计		198190	48993480

表 4-3　机器设备需求

年度生产天数　　　288

型号	规格	销售下达的生产计划/件	销售下达的生产计划/支	卧式			立式			植毛			热合		
				单班产能/支	生产时间/天	开机数/台	单班产能/支	生产时间/天	开机数/台	单班产能/支	生产时间/天	开机数/台	单班产能/支	生产时间/天	开机数/台
1104A	300	4000	1200000	10000	120	0.4	8000	150	0.5	8895	135	0.5	9000	133	0.5
2108	300	3500	1050000	10000	105	0.4	8000	131	0.5	10156	103	0.4	12000	88	0.3
2110	300	4800	1440000	10000	144	0.5	9000	160	0.6	10625	136	0.5	11200	129	0.4
……	……	……	……	……	……	……	……	……	……	……	……	……	……	……	……
总计		198190	48993480			19.7			26.2			22.4			16.3

××××年牙刷销售计划为 198190 件，共 48993480 支。以平均每个月工作 24

天来计算，每天需要开动卧式注塑机 20 台、立式注塑机 27 台、植毛机 23 台、热合机 17 台，而工厂实际只有卧式机 12 台，热合机 14 台，这时就需要考虑是否要采购新的设备。

② 中期计划：主要是季度计划、月计划。相对年度计划来说，季度计划和月计划时间跨度较短，准确性相对较高，但仍会有所修改。中期计划有利于企业更好地做好相关准备，如人员招聘、工装夹具准备等。

③ 短期计划：主要是周计划、日计划。如果制订得完善，周计划、日计划是不变的，除非存在插单的情况。周计划、日计划是生产管理中最重要的环节之一，如何预先设定生产时间、顺序、不同产品批量的衔接等，都是周计划、日计划要明确的事项。要想保障企业的生产体系顺畅运作，就必须有系统的生产日计划和安排，甚至是 2h 计划。只有给各部门生产提供依据，各部门乃至企业全面生产运作才可能有序、高效。

2）按计划层级/作用层级划分。主生产计划（MPS）和辅生产计划。主生产计划是确定每一款最终产品在每个具体时间段内生产数量的计划。这里的最终产品是指对于企业（车间）来说最终完成、要出厂的完成品，它要具体到产品的品种、型号和数量。辅生产计划是为了完成最终产品具体到每一个部件的生产计划。例如，某个牙刷的订单需要注塑车间注射刷柄，植毛车间进行植毛，热合车间进行包装，那么各个分厂最终产品的生产计划就是主生产计划，注射刷柄的生产又需要经过拌料、一次成型、剪浇口、二次成型、修飞边等工序，这些工序的生产计划就是辅生产计划。

主、辅生产计划的表现实体均是某个工序的计划安排。比如牙刷厂，采用最后组装工序作为其主生产计划，有一款牙刷（M170406）的订单为 80000 支，要求每天出货 10000 支且 4 月 20 日完成全部出货，那么所有的牙刷就必须在 4 月 19 日生产完成。以此倒推，热合车间（即成品包装车间）的主生产计划见表 4-4。

表 4-4　热合车间的主生产计划　　　　　　　　　（单位：支）

排产单号	规格	总数量	日产量							
			4月12日	4月13日	4月14日	4月15日	4月16日	4月17日	4月18日	4月19日
M170406	×××	80000	10000	10000	10000	10000	10000	10000	10000	10000

假设热合车间生产 10000 支牙刷的生产周期为 2 天，那么前道工序植毛车间就必须在 4 月 17 日完成所有的生产，假设植毛车间每天只能做 8000 支，倒推植毛车间的生产计划见表 4-5。

表4-5　植毛车间的生产计划　　　　　　（单位：支）

排产单号	规格	总数量	日完成量									
			4月8日	4月9日	4月10日	4月11日	4月12日	4月13日	4月14日	4月15日	4月16日	4月17日
M170406	×××	80000	8000	8000	8000	8000	8000	8000	8000	8000	8000	8000

假设植毛车间生产 8000 支牙刷的周期为 3 天，有三道工序：植毛、磨毛、打字，假设每道工序完成 8000 支都需要一天时间，那么植毛车间工序计划见表4-6。

表4-6　植毛车间工序计划　　　　　　（单位：支）

排产单号	规格	数量	工序	日完成量											
				4月6日	4月7日	4月8日	4月9日	4月10日	4月11日	4月12日	4月13日	4月14日	4月15日	4月16日	4月17日
M170406	×××	80000	植毛	8000	8000	8000	8000	8000	8000	8000	8000	8000	8000		
			磨毛		8000	8000	8000	8000	8000	8000	8000	8000	8000	8000	
			打字			8000	8000	8000	8000	8000	8000	8000	8000	8000	8000

结合三张计划表可以看出，如果要保证牙刷在 4 月 20 日完成全部出货，则工厂在 4 月 6 日就需要开始安排植毛车间的生产。为了方便理解，假设表4-6 中各道工序的产能是平衡的，但在实际生产中，各工序的产能往往是不平衡的，如果各工序产能不平衡，可以结合表4-4 和表4-5 来理解，产能低的工序需要前置生产时间或安排加班。

基本原理都是根据最终的成品完成计划，结合工艺流程和工序产能依次倒推前面各工序的生产计划。对于工序间产能不平衡的问题，短期可以通过人员调整、加班等方法来解决；长期需要利用线平衡的概念，以提升瓶颈工序的产能。

（3）生产进度控制　生产进度控制，又称生产作业控制，是在生产计划执行的过程中，对有关产品生产的数量和期限进行控制，其主要目的是保证完成生产作业计划所规定的产量和交货期限等指标。生产进度控制是生产控制的基本方面，狭义的生产控制就是指生产进度控制，生产进度控制的基本内容主要包括：投入进度控制、工序进度控制和产出进度控制，其基本过程主要包括：分配作业、测定差异、异常处理、提出报告等。

生产进度控制贯穿整个生产过程，从生产技术准备开始到产成品入库为止的全部生产活动都与生产进度有关。习惯上人们将生产进度等同于产出进度，这是因为客户关心的是能否按时交货，所以企业也就把注意力放在产成品的完工进度上，即产出进度。

2. MC 的主要工作

（1）物料需求计划　物料需求计划（MRP）是指根据产品结构各层次物品的从属和数量关系，以每个物品为计划对象，以完工时期为时间基准倒排计划，按提前期长短区别各个物品下达计划时间的先后顺序。制订物料需求计划首先要区分物料是自制还是外购，如果物料是企业自己生产的，需要根据各自的生产时间长短来提前安排生产计划，形成零部件生产计划；如果物料是从外部采购的，则需要根据各自的订货提前期来确定提前发货的时间、采购的数量，形成采购计划。

制订物料需求计划前必须具备以下基本数据：

1）主生产计划，它指明在某一计划时间段内应生产出的各种产品和备件，是物料需求计划制订的一个最重要的数据来源。

2）BOM 表，它指明了物料之间的结构关系，以及每种物料需求的数量，它是物料需求计划系统中最为基础的数据。开发技术制订的 BOM 表必须是完善的，否则后面的物料采购和生产一定会出现问题。

3）库存记录，它反映了每种物料的现有库存量和计划接受量的实际状态。

4）提前期，它决定着每种物料何时开工、何时完工。

简单地说，物料需求计划体现了四个点：要做什么、需要什么、有什么和缺什么、什么时候需要。应该说，这四项数据都至关重要，缺一不可。缺少其中任何一项或任何一项中的数据不完整，物料需求计划的制订都将不准确。因此，在制订物料需求计划前，这四项数据都必须先完整地建立好，而且保证是绝对可靠、可执行的数据。BOM 表的准确性是做好物料需求计划的先决条件。物料需求计划制订的一般流程如图 4-3 所示。

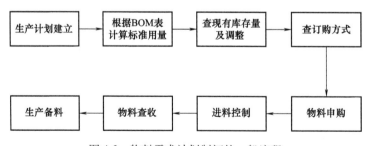

图 4-3　物料需求计划制订的一般流程

以上为物料需求计划制订的一般流程，供参考使用，企业可根据自身实际情况进行调整。

（2）物料交货计划　物料交货计划是物料需求计划的进一步延伸。如果说物料需求计划体现在数量上，那么物料交货计划则更多体现在时间上。在制订物料交货计划时，不仅要考虑采购前置期（自制件需要考虑生产周期），还需要考虑运输中的时间及其他可能影响交付的因素。另外，交货并不是越早越好，若交货过早，生产用不上，就会形成库存，占用空间，造成浪费；在需要的时候，提供合适数量的物料，才是最理想的交货计划。

（3）物料管理　物料管理是对企业生产经营活动所需各种物料的采购、验收、供应、保管、发放、合理使用、节约和综合利用等一系列计划、组织、控制等管理活动的总称，主要包括四项基本活动。

1）计算物料用量，编制物料需求计划。BOM表是计算物料用量的基本依据，BOM表应体现物料的名称、规格、用量等基本信息。部分企业没有完善的BOM表或根本就没有BOM表，更多的是依靠生产的经验来预估用量，结果经常产生缺料或多料的情况，造成极大的浪费。

2）组织货源，采购或调度物料。计算出物料的用量后，首先要确定物料的来源方式，通常有自制、外部采购、客户提供三种。自制的物料就需要与生产管制部门（PC）沟通，制订相应的生产计划；外部采购的物料应提报物料申购单，由采购部门进行购买；由客户提供的物料，需要请营销部门提前与客户沟通好交货日期。如果物料在厂内已有，只是其他订单在使用，可以根据不同的交货期，与生产管制部门协调。

3）仓库物料的验收、储备、领用和发料。物料回厂后首先要进行种类和数量的验收，出现异常应第一时间联系采购部门处理。种类数量无误后，由品管部门进行质量验收，合格后方可办理入库手续，按仓库管理制度进行保存。收到生产管制部门的生产计划单、物料申领单、BOM表后，就可以进行备料，并按生产需要进行发料。

4）物料的统计、核算和盘点。每天要对生产物料的使用情况进行统计与核算，出现差异后要进行相应的分析。差异产生的主要原因是BOM表的准确性，如果BOM表的用量高于实际用量，企业就需要付出额外的成本费用，企业利润就会减少；如果BOM表的用量低于实际用量，就会出现物料不足的现象，影响生产。出现这种情况要第一时间通知技术部门修改BOM表。对于储备的物料需要定期进行盘点，确保账、物、卡一致。

4.1.4　如何成为合格的PMC

合格的PMC除了要有必要的理论知识和实战经验，性格塑造或者说是工作特质也很重要，一个合格的PMC应该具备以下特征：

（1）沟通协调能力强　PMC管理注重的是沟通与协调，上至企业业务销售，下至生产出货，中间还有工程技术及品管等部门，都需要PMC去跟踪协调。

PMC作为生产型企业的"大脑"，其地位及话语权一般要高于其他部门，除了做好自己职责内的工作，还需要协助其他部门去预防和解决问题。任何有关生产的问题，第一时间都可以先寻求 PMC 的协助。例如生产部门在生产过程发现图样错误，就应该第一时间通知 PMC，PMC 一方面要进行生产调整，另一方面也要协助督促技术部门尽快解决问题。

在许多企业，当生产出现问题却不知道如何处理时，都会第一时间去寻求 PMC 协助，即使这个事情本身不在 PMC 能力范围内的。因为 PMC 接触部门较多，且地位相对较高，在处理很多问题时具有独特的优势。

（2）逻辑思维能力强　PMC 每天都要面对很多异常情况，如紧急插单、品质问题、欠料等。面对众多的复杂情况，PMC 需要进行观察、比较、分析、判断、推理，做出合理的决策。

（3）抗压能力强　PMC 在工作中经常会遇到很多困难，如设备故障停工、订单无法按期交付等，这些问题往往比较紧急，但处理起来又比较困难。PMC 需要承受来自高层或其他部门的压力，这就需要抗压能力强的人才。

（4）学习能力强　PMC 除了本身的专业知识之外，还需要了解诸如采购、仓库、IE 等相关知识，学习能力的重要性毋庸赘述。

4.2　PMC 的角色认知

4.2.1　欠数的处理

生产计划和生产作业计划编制出来之后，还只是纸上的东西，要把纸上的计划变成可供销售的产品，就需要去组织计划的实施，这就是生产调度。

生产调度就是组织执行生产进度计划的工作。生产调度以生产进度计划为依据，生产进度计划要通过生产调度来实现。生产调度的主要内容如下：

1）实时监控生产各环节的工作情况，了解各环节的运行状况，预防和处理各种异常。

2）根据生产需要合理调配资源（人员、设备、物料等），督促检查人员核查设备运行能力、物料供应等情况。

3）跟踪各生产环节的零件、部件、毛坯、半成品的投入和产出进度，及时发现生产进度计划执行过程中的问题，并积极采取措施加以解决。

4）对各班组工序计划完成情况的统计资料和其他生产信息（如由于各种原因造成的工时损失记录、机器损坏造成的损失记录、生产能力的变动记录等）进行分析研究。

5）检查、督促和协助有关部门及时做好各项生产作业的准备工作。

生产进度计划可通过欠数表来体现，之所以强调的是用欠数而不是已经完成的，一是作为计划人员更需要关注的是未完成的订单；二是欠数表可以直观体现订单未完成的情况，特别是当订单较多和订单量较大时。订单欠数表见表4-7。

表4-7　订单欠数表　（单位：件）

序号	订单号	规格型号	数量	各工序未完成数量								备注
				封焊	激光二极管（LD）耦合	电压互感器（PT）耦合	温循	点胶	测试	包装	入库	
1	M1	X1	3000	0	×	200	200	600	1000	2000	1000	"0"表示该工序已全部完成
2	M2	X2	5000	2000	3000	×	3000	×	3000	3000	2000	"×"表示该型号无此工序
3	M3	X3	8000	3000	3000	×	4000	5000	5000	5000	3000	

通过表4-7，可以看出每张订单在每个工序未完成的数量，再结合工序产能的经验值或标准工时，可大致推测出订单可以完成的时间。

4.2.2　生产控制

生产控制主要是对生产进度的控制，是对生产数量和生产期限的控制，其目的是保证完成生产计划所规定的生产数量和交货期限，这是生产控制的基本方面。

库存控制也是生产控制的一个重要内容，目的是使库存物资的种类、数量维持在必要的最低安全库存量水平上。其主要功能在于既要保障企业生产经营活动的正常进行，又要通过规定合理的库存水平和有效的控制方式，使库存数量、成本和占用资金维持在最低限度。生产控制可分为事前控制、事中控制和事后控制。

（1）事前控制　事前控制主要包括订单评审、产能规划、物料配套等。

1）订单评审：包括产品工艺及 BOM 表评审、订单物料评审、交期评审等。

2）产能规划：通过预排产确认生产交期及未来瓶颈，可以提前制订预防措施为正式生产做好准备。

3）物料配套：订单正式投产前 3 个工作日确认物料准确的到位时间，保证正式生产时所需的物料配套。

通过事前控制，可确保计划的可执行性。

（2）事中控制　事中控制主要包括投料控制、生产进度监控、生产异常处理等。

1）投料控制：控制投料先后顺序和投放数量，确保投料与生产计划一致，不允许车间自主调整计划。

2）生产进度监控：重点关注瓶颈工序产能，确保各部门生产计划围绕 PMC 计划展开实施。

3）生产异常处理：无论是物料异常、品质异常，还是设备异常，都要注意异常处理的先后顺序，遵循瓶颈工序优先的原则。

通过事中控制，可确保实际生产与计划的一致性。

（3）事后控制　事后控制主要包括生产进度异常反馈、制订异常处理对策、生产率评估等。

1）生产进度异常反馈：当生产出现异常，导致进度与计划出现偏差时，要及时调整。如确实无法按期交货，要第一时间与营销人员沟通，并说明原因，以便营销人员与客户沟通，重新调整交期。

2）制订异常处理对策：当异常发生时，一定要有处理对策，尽量减少企业损失。例如当因设备故障延误生产进度时，可考虑加班、借调人员支援、产品外包等方式来追赶进度。针对异常可以通过会议形式制订短期对策和长期对策，会议纪要可作为后续处置异常的依据。

3）生产率评估：定期评估机器、人员生产率，分析原因并提出改善对策。

通过事后控制，可减少实际生产与计划的偏差。

生产控制，可以通过各工序在制品库存表来调整，不仅可以体现单个订单在不同工序的分布，也可以看出整厂各工序的库存状况，再结合工序的产能，即可调整。

表 4-8 为工序在制品库存，可以看出点胶工序库存量最大，有 5500 件，而该工序的实际产能每天约 1000 件，库存量已超过 5 个工作日的产能，因此需要调整。为避免库存进一步增加，前面单日产量超过 1000 件的工序可以先暂停生产，安排人员支援点胶工序或其他工序。但是一般工厂都不会想到要停产，因为担心出不了货，并认为库存越多越好，其实点胶工序一天只能消耗 1000 件，生产再多也只是产生库存而已。

表 4-8　工序在制品库存　　　　　　　　　（单位：件）

序号	订单号	规格型号	排产数量	实际在线数量	封焊	LD耦合	PT耦合	温循	点胶	测试	包装	已入库	备注
1	M1	X1	3000	3000	0	0	500	500	1000	1000	0	0	"0"表示该工序已全部完成 "×"表示该型号无此工序
2	M2	X2	5000	5000	1000	1500	×	1000	1500	0	0	0	
3	M3	X3	8000	6000	500	1000	×	0	3000	500	1000	2000	

要想做好生产控制，需要熟悉生产的各个环节，了解各种资源（人员技能、设备能力、基本工时等）。

4.2.3　物料控制

物料控制是根据物料需求计划对物料进行申购、收货、发放及使用的监督管理过程。

（1）物料申购　制订物料需求计划后，要考虑现有库存、使用情况等，既要为生产提供及时、充足的物料，又要尽量降低库存，减少资金积压。部分特殊用料，需求极少，用量可能低于最小采购量，这类物料在采购前要进行成本核算，并与销售部门沟通，产生的额外费用如何处理。有些物料是常用的，可以考虑进行批量采购，降低成本。对需求量大，采购周期短的物料，要考虑分批回厂。

（2）收货　物料回厂后，首先要对物料的种类及数量进行确认，无异常后通知品管部门进行检验。所有的异常都要有记录，且第一时间通知采购人员进行处理，并通知PC。种类、数量、品质确认无误后，及时办理入库手续，并分区定位存放。

（3）物料发放　发放物料时要严格按照计划发放，做到"没有计划的不发，超料而未按程序补单的不发，非本部门用料的不发"。一定要有生产计划单、BOM表、用料申请单，有的企业在一张单子中同时体现了这三点，俗称"三单合一"。

（4）监控　MC要对材料的使用进行监控，包括用量是否合理（BOM表的准确性）、利用率（物耗）、余料退库等，并根据实际情况进行调整。

物料控制的重点是不囤料、不呆料、不断料。

4.2.4　内部协调

生产协调会是PMC进行内部协调的重要方式，其优势是可以将相关部门集中在一起，快速研究解决各部门、车间不能自行解决的问题。生产协调会建议在早上召开，生产协调会的主要内容是了解当天生产中存在的问题并予以协调处理、检讨前一天的生产情况、安排第二天的生产任务，有什么问题大家各自提出来（涉及多个部门的问题，会前需要提前进行沟通）。

如果遇到必须要有多部门参与才能处理解决的问题，可以开专题讨论会，但必须把主导责任人、完成时间确定下来。很多时候常规的生产协调会会变成马拉松式的问题讨论会，人人都在谈问题、说困难，表面上是在解决问题，实际什么都没有解决，问题还在持续。

生产协调一定要形成决议，开了会没有决议，或决议写成文字不追踪、不追究，完成与不完成没人管，这样的协调会根本就是在做无用功，没有任何意义。生产协调会要把任务布置下去，并形成会议记录，将任务具体分配到人，责任落实到岗。议决好的事项，如果有特殊原因确实无法按期完成或根本无法完成，也要进行说明。

内部协调通过会议进行是比较正式的一种方式，在实际工作中，视情况的重要性及紧急程度不同，有邮件沟通、电话沟通、现场直接面对面沟通处理等多种方式。譬如当需要通知多个部门时，往往采用邮件的方式；当事情紧急时，通过电话沟通；当事情较为复杂时，直接面对面沟通等。无论哪种方式，最终都要达到解决问题的目的，否则沟通协调就会失去意义。

4.3 PMC 流程的控制要点

4.3.1 计划导入的第一步

订单评审主要围绕人、机、料、法、环、测量展开评审。营销、财务初评，PMC 主评，品质技术协评，对客户订单是否能生产、什么时间可交货做出判定。订单评审就是对客户订单的生产可行性、交期满足等相关要求进行评估的过程。

对于订单评审，一部分人认为没什么用，评不评都一样出货；另一部分人则认为很重要，通过评审很多问题可以提前预防解决，没评审的订单肯定存在较大的隐患。

订单评审的主要内容有以下几点：

1）满足客户各项基本需求（如产品功能、价格、服务、交易条件等）的能力、完成时间、客户资料准确性和完整性，由营销部主导财务部协助完成初步评审。

2）现有生产技术满足订单要求的能力（含机器设备、模具、治具、夹具等），由设备部完成评审。如果不能满足客户的需求，但必须要接单时，由技术开发部、设备部共同完成评审。

3）现有人员、物料、产能（总体、各工序）满足订单要求的能力及完成时间，由 PMC 主导评审。

4）现有检验、测试满足订单要求的能力，由品质部完成评审。

各部门完成订单评审后，由 PMC 负责整理相关信息，做好订单评审总结，确定最终交货日期，并及时回复业务部门关于本次订单的评审结果。业务部门收到评审结果后，如对交期不能接受，可以要求 PMC 重新进行评审，如确实因为客观原因无法满足交期，则业务部门需要与客户进行沟通协调；业务部门如对订单评审无异议，须及时回复客户，并对厂内相关进度进行跟踪。

图4-4所示为订单评审的一般流程，企业可根据实际情况进行调整。

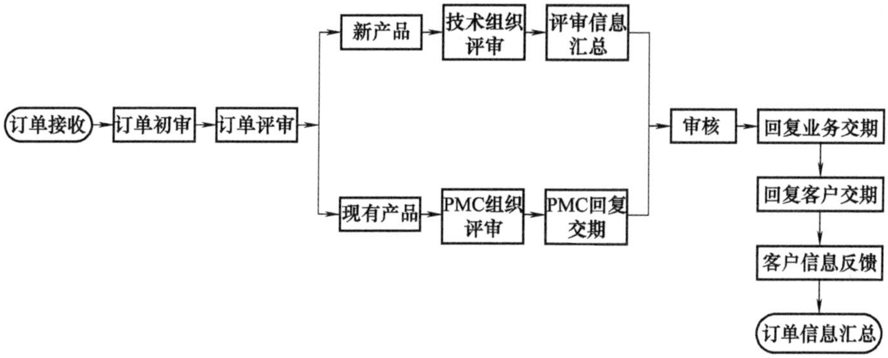

图4-4 订单评审的一般流程

表4-9所示为某公司订单评审记录表。

该公司的订单评审主要有销售部、技术部、采购部、计划部、生产部五个部门参加。其中，销售部负责传达客户信息；技术部主要负责出图样、BOM表及相关技术要求说明；采购部负责回复物料交期；计划部根据各部门反馈的信息，制订生产计划，并回复交货日期；生产部确认计划部的交货日期，并反馈问题点。根据不同情况，有时采购、设备、品管、仓库等部门也会参加。

4.3.2 6M生产要素确认

生产要素是指企业进行生产活动所需要的各种资源。生产要素主要包括人、机、料、法、环，部分情况下还需要考虑测量的因素，一般习惯称为5M1E或6M。

1）人的因素主要包括人员数量是否足够和人员技能是否满足两个方面。

2）机的因素主要是产能和性能两个方面，除了设备外，也包括工装夹具、模具等。

3）料的因素就是生产物料是否齐全，没有的物料采购交期是否满足出货要求，另外，还有一点是非常重要却容易被忽略的，就是各工序生产配套的能力。许多企业在做生产计划时没有考虑到工序配套的能力，结果在生产过程中，前面的工序还没有生产出来，后面的工序就已经停机待料。

4）法的因素主要就是相关技术文件和BOM表等。

5）环的因素主要就是现有的工作环境能否满足生产要求，如温湿度、洁净度等。

表 4-9 某公司订单评审记录表

日期：   需求单号：

客户简称		型号规格、	
业务员		数量、单价	
评审内容			
1. 价格：			
2. 技术协议：□按公司要求配置　□按客户要求的图样配置　□用户图样能否修改			
3. 主材材质：			
厚度：　　　　　　　　　　颜色：			
尺寸：　　　　　　　　　　其他：			
4. 辅材材质：			
厚度：　　　　　　　　　　颜色：			
尺寸：			
其他：			
5. 其他说明：			
6. 交货期：			
以上由销售部填写，以下由评审部门填写：			
技术部	1. 技术协议要求： 2. 图样要求： 3. 其他		评审人 签名：
采购部	1. 主材计划到厂日期： 2. 辅材计划到厂日期：		评审人 签名：
计划组	交货期：		评审人 签名：
生产部	1. 交货期： 2. 影响交期的其他关键因素：		评审人 签名：
销售部确认：			
总经理批准：			

6）测量的因素主要是部分产品有特殊测试要求，要考虑工厂是否有相关测试仪器或是否具备测试资质。

在正式生产前必须确保各生产要素符合要求，有些工厂在生产前没有对所需的生产要素进行确认，或者不配套就开始生产，结果造成生产做做停停，不仅延误交期，也给工厂造成了很大的浪费。

4.3.3　生产计划分层与排程

生产计划简单地说就是"什么时候，由谁来做什么，做多少"的作业计划。PMC需要今天就确定好后天的生产计划，并在下班前提供给仓库，这样仓库明天一早就可以准备后天的物料。生产计划编制一般遵循以下几个步骤：

1）时间节点控制。通过时间节点控制表将订单各个环节的完成时间进行分解和控制，形成订单交期分解表。例如BOM表、物料交期分解表等，表4-10所示为某公司BOM表交期分解计划。

表4-10　某公司BOM表交期分解计划

日期	2月6日			2月7日		
项目	排产单号	规格型号	数量/台	排产单号	规格型号	数量/台
BOM表	M180203	一进四	2	M180207	二进二	2
	M180204	一进三	1			
	M180205	一进八	1			
	M180206	一进七	1			

在表4-10中，2月6日需要完成四个不同规格型号的BOM表，2月7日就只需要完成一张BOM表即可。

2）根据时间节点编制相应的月计划、周计划、日计划。

3）车间分步实施，整体统筹控制生产先后顺序，日计划可保证主计划有效达成。为确保日计划的有效实施，PMC制订好的日计划，需要车间相关领导签字确认。周计划也可下达给车间主任（厂长），这样有利于提前做好相关生产准备，同时为避免车间过早生产，周计划不能给到各个班组，一般提前一天将日计划给到班组即可。

4.3.4　生产节点管控

在前面PC工作职责一节里，我们对生产进度控制进行了详细的介绍，本节就不再赘述。对生产进度控制就是要确保生产实际与生产计划一致，避免计划是一套，生产又是一套，实际生产与生产计划脱节。

4.3.5　生产异常处理流程

生产异常指的是生产过程中由于特殊原因造成生产停工或进度延迟的现象。常见的生产异常主要有。

1）物料异常：因物料供应不及时（欠料）、物料品质问题等导致的异常。

2）设备异常：因设备、工装夹具、模具数量不足或故障导致的异常。

3）品质异常：因来料或制程中发生、发现品质问题而导致的异常。

4）技术异常：因产品设计、生产工艺或其他技术问题而导致的异常。

5）其他如水、电、气等产生的异常。

异常发生后，生产部门一定要立即通知相关责任部门进行处理，并报告上级和对应的PMC。相关责任部门对异常进行处理，并制订相关对策防止异常再次发生。若异常需要长时间处理，则PMC要对计划进行调整，安排新的订单生产。图4-5所示为某企业PMC的主要工作职责和工作流程，可有效协助企业预防和减少异常发生，供参考使用，企业可根据自身实际情况进行调整。

关键流程说明：

1）产能分析。依现有机器、人力、工模夹具等，结合产能定额（经验值或标准工时）评估生产能力。产能分析可按年度、季度、月度来进行分析。

2）订单评审。接单后，及时进行订单评审（详细过程见4.3.1）。

3）主计划排程及物料需求计划制订。依订单交货期，结合产能编制主生产计划，并制订相应的物料需求计划。

4）主计划分解。根据交货期、产能、物料等状况，将生产计划分解到月、周、日。

5）差异分析及异常处理与改善。生产计划下达后，每日进行追踪，出现异常后要及时处理，并分析原因予以改善，避免同样的问题再次发生。

6）订单结案。根据各个产品的生产周期，确定合理的结单时间，及时结案。

7）月度生产实绩评价及关键指标考核。对月度生产实绩分析总结，并对关键指标的完成状况予以考核。

当流程运行顺畅之后，可以进一步建立生产管制体系，生产管制体系主要包含以下几个方面：

1）产能分析与负荷。主要包括各机器、工序的标准产能设定和产能利用率，以及产能与订单量的平衡分析。

2）订单管理与评审。主要包括订单内容的管理、交期的回复，以及订单的评审过程和主生产排程。

3）制订物料需求计划。

4）制订生产计划与排程，包括制订月、周、日生产计划及各班组、工序计划，甚至到机器和个人的计划。

5）进行生产过程管理，包括生产进度跟踪、异常处理、在制品库存管理、生产达成率管控等。

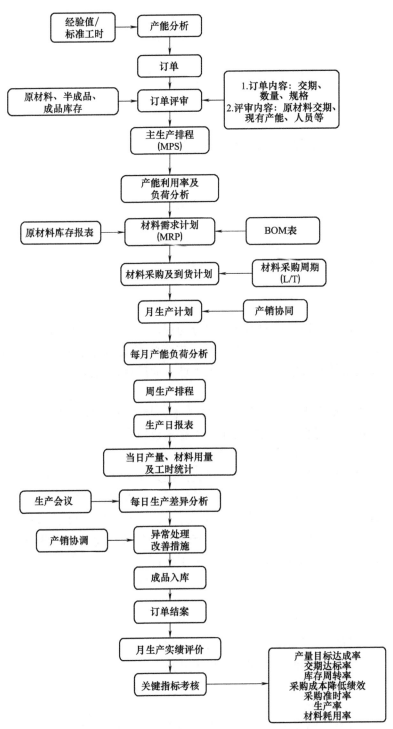

图 4-5 某企业 PMC 的主要工作职责和工作流程

6）建立生产报表系统，包括产量日报表、异常工时统计、良率报表等。

7）召开生产会议，进行产销协调，包括生产异常分析与处理、交期调整、临时插单等。

8）确定生产管理指标，包括准时交付率、生产达成率、工单接单、材料利用率等。

4.4 PMC 常见问题处理对策

计划管理是制造企业有效运作的火车头，计划体系是企业的神经系统，计划部门是企业的中枢大脑。计划的本质，就是协同各部门准确、稳定、快速地完成交付，兑现向客户做出的承诺。越来越多的企业重视计划的优化，通过各种办法甚至重金投入 ERP 等信息系统以期改善计划，但往往收效甚微。企业为什么做不好生产计划？因为计划工作常常遇到以下问题。

4.4.1 销售大数据不准

销售订单按照产销关系的不同可以分为存货生产型和订货生产型，前者强调按照既定计划生产，销售部门依据产品、市场状况及销售方法，做好销售预估，并以此来设定最低成品库存量，按系列生产；而后者是接到客户订单后，再开始安排生产。

现实当中，很多工厂，事前没有月（年）度销售计划，或是有了月（年）度计划，但销售部门实际接受的订单，不是超过原先的计划量，就是与原计划相差太大，造成整个工厂包括生产管理、品管、物料、生产及人事部门手忙脚乱，疲于应付，最终导致交货期拉长，产量无法提升，生产率及产品品质大受影响。

事实上，在各类生产要素比较稳定的情况下，大部分的乱象源于没有一个可靠的销售计划，从而导致无法做出一个完善的生产计划，进度控制自然受到影响。因此，不论存货生产型还是订货生产型，销售部门每年均应做好市场调查，进行预估，并充分考虑客户类别、产品类别、订货类数、交货时间等因素，拟定年度、月度销售计划，才能保证生产工作正常开展。

4.4.2 物料供应异常

在生产过程中，经常出现要生产时没有物料，暂时不需要的物料仓库里却有一大堆，产生这些问题的原因主要有以下几点：

1）生产计划变动频繁。生产计划频繁调整，采购来不及应对，导致供应商无序生产。

2）交期太短。因为突然插单或订单交期太急，超出实际的采购周期，供应商来不及生产。

3）BOM 表影响。技术部门无法及时提供 BOM 表，采购无法下单，延误交期。甚至有些企业根本就没有 BOM 表，凭经验去采购，生产时发现不对再重新调整采购。有些企业虽然有 BOM 表，但是不完善，也无法正确指导采购去购买物料。

4）仓库数据不准。许多企业的仓库管理不到位，账、物、卡不一致，有些是有账无物，有些是有物无账，而采购也无法去一一确认，导致物料采购不准确。

4.4.3　生产基础数据缺乏

生产基础数据是企业制订产品生产定额、物料消耗定额和生产计划的基本依据。统计管理生产基础数据，建立完善的内部统计信息传递系统，是加强企业内部控制、完善监督考核的重要手段。然而很多企业连基本的生产数据都没有，没有标准工时，甚至连经验值都没有，所做的生产计划根本没有数据做参考，全凭感觉，想当然排产。PMC 想知道物料的库存，还需去仓库实地查核，如此计划工作如何能做好。

健全企业的基础生产数据，需要用到相关的生产日报表，如生产计划表、生产进度表、库存表、产能损失统计表等。通过相关报表进行数据收集、整理、分析，从而得到与生产相关的信息，对计划工作起到指导的作用。表 4-11 所示为某公司的产量工时统计表，通过此表不仅可以了解每个型号产品的生产进度，还可以推算出相关工时。

表 4-11　某公司的产量工时统计表　　　　年　月　日

生产指令	客户	产品名	型号	数量	一车间（工段）				二车间（工段）				……	外协				入库				备注
					今日产量	累计产量	今日工时	累计工时	今日产量	累计产量	今日工时	累计工时		今日产量	累计产量	今日工时	累计工时	今日入库	累计入库	今日工时	累计工时	

4.4.4　出货与质量的平衡

在生产过程中经常会遇到品质问题，如来料品质问题，制程品质问题等，很多时候如果要按正常流程处理问题，就会出现无法按时交货的情况；如果不按正常流程处理，就有可能产生质量隐患。这个时候 PMC 就需要与相关部门沟通，平衡出货与质量之间的关系。

4.4.5　技术变更

许多企业的新产品没有试做流程，认为试做会耽误交期，习惯边做边改，甚至有的产品都已经做完了，技术还在修改。结果造成大量的返工或重做，不仅给企业造成了巨大的损失，交期更是无法保证。

对于新产品，为了确保正式生产时能够顺畅进行，一定要先试做，并走完全流程，这样就可以提前发现问题，并予以解决，从而避免大批量生产时造成批量的不良。

第 5 章

效率精细化

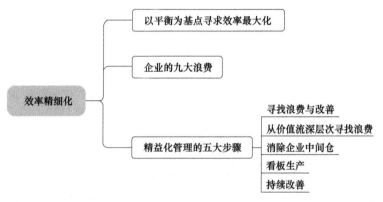

精益化管理的五大步骤就是精益思维的模式。

价值——就是消除各种浪费；价值流——宏观地消除整个流程或供应链中的浪费；流动——整个过程处于流动没有中间仓；后拉——按照客户需求去提供产品，按照需求去上道工序领料。就像去肯德基用餐，点完餐后，如果是服务员送餐，极有可能将咖啡或雪碧当成可乐送给客人。若发现错误后再去更换，更换后又要运送，中间浪费了两次时间，如果是客人自取，就可以消除这些浪费。就如去仓库领料，若发现发错料，当场核实后，马上就可以更换。反之如果是仓库配送，出现发错料的情况后，也会造成二次配送的浪费。在5.3.4节，将更详细地介绍后拉的概念。尽善尽美——如同统计学以平均数和变量两个因子展开应用，尽善尽美就是应用 CT（Cycle Time，周期时间）、TT（Take Time，节拍时间）的概念去持续改善。

精益化管理从始至终的目的就是提升效率，其使用的工具，如快速换模，是为了缩短换型时间；通过多能工的培养，提升生产率；优化设备布局，减少搬运、走动路线，所有这些都是以提升效率为根本目的，而非品质。所以近几年丰田公司多次出现大规模的汽车召回事件，也就没什么奇怪的。很多人认为精益化管理可以提升品质，甚至提出精益品质的概念，实是因为不理解精益化管理的真谛。精益化管理中是没有提升品质的工具的，只是当出现品质问题后，会借助品管圈（Quality Control Circle，QCC）、全面质量管理（Total Quality Management，TQM），甚至六西格玛（Six Sigma）等工具解决品质问题，而TQM是构筑精益之屋的一个重要支柱（参照第1章精益之屋）。

5.1 以平衡为基点寻求效率最大化

1.3.1节中提到精益管理追求的是平衡，而平衡最终体现的就是"一个流"的生产。即各工序只有一个工件在流动，使工序从毛坯到成品的加工过程始终处于不停滞、不堆积的流动状态，是一种工序间在制品向零挑战的生产管理方式，其思想是改善型的。通过追求"一个流"，使各种问题、浪费和矛盾明显化，迫使人们主动解决现场存在的各种问题，实现人尽其才、物尽其用、时尽其效。

精益生产管理要从以设备为中心转向以人为中心，从以单机操作转向同步生产，变浊流为清流。物流设计要坚持：连续流动原则、规范化装载原则、运输手段简单原则、输送速度快、便于收集下脚料和便于管理原则。

精益生产方式中采用"一个流"生产，促使生产率显著提升，并使存货、空间、生产周期显著缩减。可以说，"一个流"生产是精益生产的根本，它可以最大限度地杜绝各种浪费现象。实际上，精益生产的最终目标是把"一个流"的模式应用在从产品设计到推出产品、接受订单、实际生产等所有作业上，使所有的相关作业形成不间断的流程，从而缩短从原材料投入到最终产品产出的时间消耗，促成最低成本及最短的交货期。

流水线生产方式是由福特先生发明的，而其由来还有一个小故事。有一次福特先生去朋友的屠宰场，看到一头头宰好的猪从很多切肉工人面前移动经过，每一个切肉工人只割下特定的某个部分。受此启发，福特先生将汽车的部件放在传送带上，在它经过时，每个工人都给它添装一个部件，每次都装配同样的一个部件。

1913年福特改革了装配汽车的全过程。不久，福特公司一年就生产出了几十万辆汽车，汽车价格也降至原来的一半。1914年，福特在新落成的海兰公园厂房建成了第一条生产流水线，所有多余环节和无效劳动被压缩了，生产率大幅提高，汽车价格大幅下降。

5.2 企业的九大浪费

"七大浪费"（见图5-1）的概念最初是由丰田生产方式（TPS）讨论并提出来的，它包括不必要的搬运（Transportation）、库存（Inventory）、动作

（Motion）、等待（Waiting）、过度加工（Overprocessing）、过度生产（Overpro-duction）和不良品（Defects）的浪费，为了方便记忆简称 TIMWOOD[⊖]。

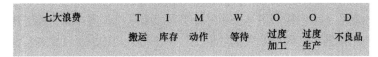

图 5-1　七大浪费

1）搬运浪费主要体现在行动上的浪费，产生的根本原因在于基础的 5S 管理没有做好，整顿不到位。消除搬运浪费，需要合理计划，科学布局，即可做到搬运最少、路线最短。

2）库存浪费产生的原因是多方面的，但最主要的原因在于生产流程不完善、计划管控不到位，如销售不按产能随意插单、生产异常未及时调整等。对于生产型企业，做好基本的整理、整顿，使现有物品的库存一目了然，便可很大限度上消除不必要的库存。再结合计划管控与流程梳理，就可以有效控制库存。

3）动作浪费产生的主要原因在于流程设计不合理，譬如布局不当、工作分配不合理等，需要借助 IE 的手法去消除。

4）造成等待的常见原因有流程体系不完善、上游部门工作延误、工作量分配不均衡等，可以通过流程优化、合理计划的方法来改进。

5）过度加工主要是指所做的工作超过了客户的要求，比如客户允许的误差为 -5~5，公司定的标准为 -2~2，远高于客户标准，增加了更多的成本。明确了解客户的真实需求，可有效减少或避免此浪费。

6）过度生产是指生产出超过订单数量的产品或在交货期之前就过早完成生产，等待交货。过度生产会带来庞大的库存，增加了搬运、堆积的浪费，同时因为市场信息不断变化，过早生产的产品也存在贬值的风险。

7）任何的不良品产生均会造成材料、设备、人工等的浪费。不良品的产生有制程能力不足的技术层面原因，也有生产现场管理方式或管理观念错误的原因。比如员工开机工作之前未对周边工作环境进行 5S 活动，导致物料污染、混用物料，产生不良品。

七大浪费大家一般都知道，但真正最大的浪费是第八大浪费（见图 5-2）——信息传递错误。信息传递错误最大的危害是带来其他七大浪费的产生，所造成的浪费远大于其他浪费。一旦发生，可能造成的浪费是前面七大浪费的 5 倍、10 倍，甚至更多。

比如某个客户需要的产品，一般都是用铜箔的，可是有一次客户的一个订单

⊖　来源：《精益供应链与物流管理》，保罗·麦尔森。——作者注

第八大浪费	信息传递错误

图 5-2　第八大浪费

是出口到非洲的，用铝箔即可。公司的业务员没有仔细地看客户合同，继续像以前一样安排使用铜箔，结果导致大量的返工，不仅给公司造成了巨大的资源浪费，也影响了公司的声誉。

1.2 节中提到，要真正推行精益生产，企业必须进行思维创新，而要获取成功，则需要每个员工全心全意地为企业，时时刻刻都站在企业的角度进行思考。企业一线员工的单项工作经验是最丰富的，因为他们日复一日做着同样的事情，对自身范围内的工作，是最具改善性的，但是许多企业往往忽略了这一点，也就是 1.1.1 节中提到的所谓第九大浪费（见图 5-3）——忽略员工的创造力。

第九大浪费	忽略员工的创造力

图 5-3　第九大浪费

人是企业最重要的资源，员工的单项工作经验是最丰富的，对自身范围内的工作是最具改善性的，忽略员工的创造力对企业来说是一种巨大的浪费。

精益化管理的关键出发点就是识别价值，通过识别流程中的各种浪费，并消除浪费才能增值。精益管理就是要在各个流程中寻找是否存在九大浪费（见表 5-1），并一一消除。不管是制造型企业，还是服务型企业，都可以借助浪费与流程表，并借助二八原理对重点的浪费进行改善，实现增值。

表 5-1　浪费与流程表

流程	浪费								
	搬运	库存	动作	等待	过度加工	过多生产	不良	信息传递错误	忽略员工的创造力
1.	√		√			√		√	
2.		√		√	√		√		√
……									
N-1	√		√	√	√			√	
N	√	√				√	√	√	

5.3　精益化管理的五大步骤

浪费是一种不能增加价值的行为，那么价值又是什么呢？精益思想认为产品的价值须由最终的用户来确定，价值只有满足特定的用户需求才有存在的意义。

5.3.1　寻找浪费与改善

任何为产品增值或满足顾客某些期望而付出的体力代价所进行的操作或操作环节，所带来的形状、性能和组（包）装的转变的活动称为增值活动。换言之即顾客愿为之支付的一切活动。

任何多余的运作，不仅浪费时间、资源，而且占用了空间又不能使顾客满意，这种没有任何意义的活动称为非增值活动。

如图 5-4 所示，企业的任何活动都包括正常和非正常两部分，其中正常的活动又包括增值和非增值两部分，而非增值中又包含必要的和不必要的两部分，不必要和非正常的活动即是一种浪费。消除浪费就是要消除非正常和不必要的流程，减少非增值但必需的流程，把增值的制程以最快的速度完成。

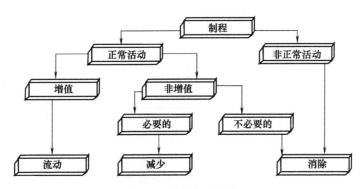

图 5-4　增值和非增值

事例说明：

1）增值活动：骨架焊接、油箱注油、电柜装线等。

2）必要的无价值活动：焊接之前拿起焊枪的动作、注油之前的搬运油箱、装线前的线材裁切等。

3）无价值的活动：焊接之前寻找焊条、准备注油时上道工序还未完工造成的等待、装线时发现线材规格错误等。

5.3.2　从价值流深层次寻找浪费

价值流是将生产每个产品的基本要素用流程图表示出来，它包含生产这个产品所要的所有动作（包括增值行为和不增值行为）。包括以下三个部分：

1）从概念到产品投产的设计流程。

2）从收到订单到顾客手中拿到产品的整个订货流程。

3）从原材料到成品整个制造过程。

价值流是从宏观的角度来识别企业整个流程中的价值，进行价值流分析可以分为三步：①了解当前工艺流程是如何运作的；②绘制当下的价值流图；③设计未来理想的价值流图。以某产品的生产为例来进行分析。

表 5-2 所示为某产品生产的主要流程，从销售接单一直到总装完成全部生产，并标示了每一个流程主要存在的浪费（当然实际过程中每个流程可能存在多种浪费）。工艺流程图虽然可以体现流程中的浪费，但却无法具体量化，比如库存，具体有多少库存，这时就需要借助价值流图来分析。

表 5-2　浪费与流程实例

流程	浪费								
	搬运	库存	动作	等待	过度加工	过多生产	不良	信息传递错误	忽略员工创造力
销售								√	
开发技术									√
生管				√					
仓库	√								
下料						√			
电焊			√						
油漆				√					
绕线		√							
叠片							√		
总装				√			√		

价值流图分析原则如图 5-5 所示。

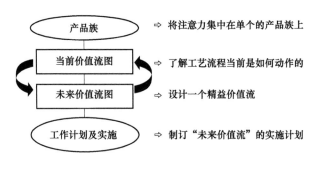

图 5-5　价值流图分析原则

以汽车冷凝管的生产为例：

1）绘制当前价值流图（见图5-6）。

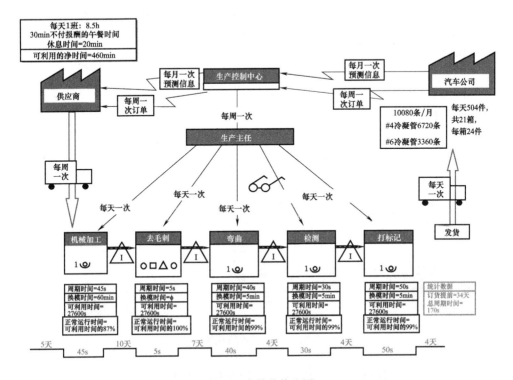

图 5-6　当前价值流图

2）当前价值流图的使用（见图5-7）。

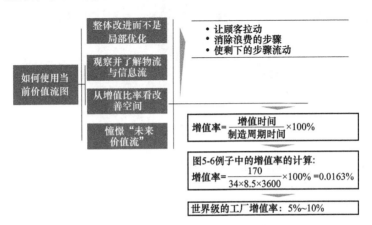

图 5-7　当前价值流图的使用

3）绘制未来价值流图（见图 5-8）。

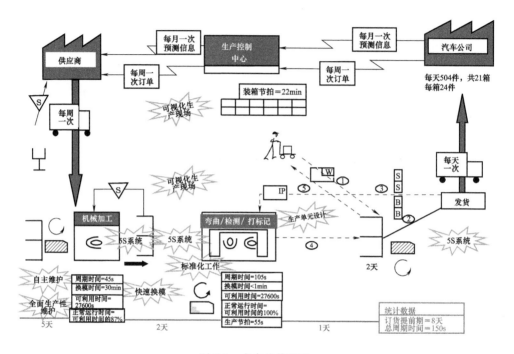

图 5-8　未来价值流图

在进行价值流分析时，需要相关数据的支撑（见图 5-9）。

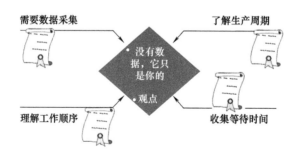

图 5-9　数据支撑

价值流图其实与布局流程图（见图 5-10）有异曲同工之妙，只不过价值流图对浪费进行了具体量化。

通过价值流图分析解决问题，不一定要用专业工具进行绘制，手绘一份同样可以解决问题，如图 5-11 所示。

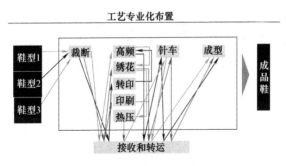

图 5-10　布局流程图

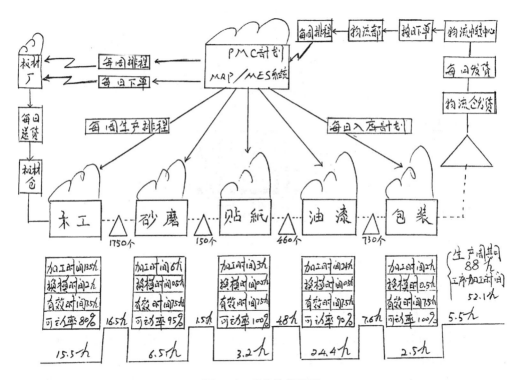

图 5-11　手绘价值流图

5.3.3　消除企业中间仓（见图 5-12）

流动是指顺着产品价值流持续不断地流动，消除浪费，是精益生产中核心的思想。精益思想强调的是不间断的"流动"，要求全过程有价值的活动都要流动起来，但受限于传统部门分工和批量生产等传统观念和做法，企业的价值流动经常会被阻断。

只要有中间仓存在，就会缺乏流动，增加很多搬运和传递的浪费

图 5-12　中间仓

精益思想认为有停顿的地方就有浪费，强调生产的流线化、标准化、均衡化，通过推动"单元生产"模式，打破传统的部门化的、批量生产的思想（见图 5-13）。

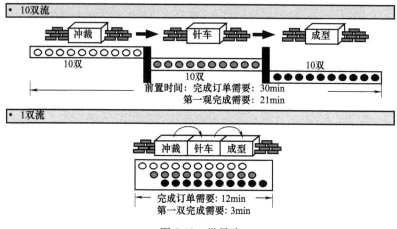

图 5-13　批量流

5.3.4　看板生产

"拉动"是以客户为发起点，根据客户需求安排生产计划的一种生产方式。拉动式生产方式不同于传统的推动式生产方式，采用前者客户、下道工序在货架上就可以取得所需物品，而非强行推给客户。

拉动式生产方式由于实现了需求和生产过程的对应，可以减少和消除过早、过量的投入，从而减少库存浪费和过量生产浪费，同时还大大压缩了生产周期。当客户提出需求后，可以立即进行设计、采购、加工，准时将产品提供给客户，最终实现准时化生产，直接按客户实际需求进行生产。传统推动式生产与拉动式生产的区别如图 5-14、图 5-15 所示。

拉动式生产常借助看板工具来实现。看板是传递信号的工具，也是生产及搬运的作业指令，可以防止过量生产和搬运，是目视管理和改善的工具。它可以是某种"板"，比如一种揭示牌、一张卡片、超市架、空容器等。

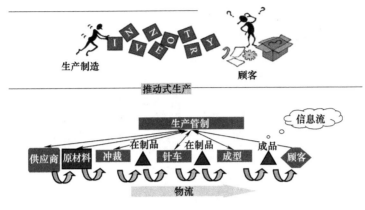

图 5-14　推动式生产

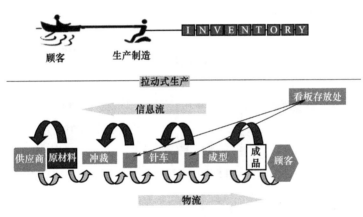

图 5-15　拉动式生产

图 5-16 所示，即为看板的一种。左图中有两种药，一种是降压药，另一种是降糖药，需要隔天交替吃。为防止吃错药的情况发生，将这两种药绑在一起，放在右图所示的口袋中，并在口袋的一侧写上"药物"二字。吃药遵循的原则是，紧挨"药物"一侧的药每天吃，吃完后将该两种捆绑在一起的药翻转 180°放回袋中，这就是每日操作的标准。图中"药物"两个字就是一个看板。

看板不需要很花哨，只要能够实现看板的功能即可。若要在生产线上做一个看板，在地板上画一个框可以。例如，在第 1 道工序跟第 2 道工序之间画了一个堆放物料的框，当第 1 道工序的员工看到框内没有任何物料时，就要立即开始生产。总之，看板的主要目的就是让整个生产线顺畅，并且提高员工的生产平衡意识。

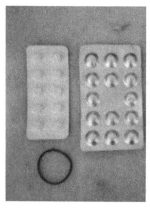

药物

图 5-16　看板的一种

看板的种类有以下几种，如图 5-17 所示。

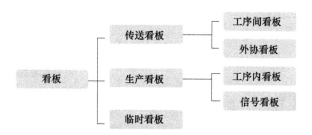

图 5-17　看板的种类

需要注意的是：

1）仓库只有生产看板，无传送看板。

2）生产看板在工作站内使用；传送看板在工作站间使用，也可以出工作站使用。

看板的使用原则如图 5-18 所示。

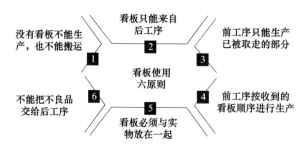

图 5-18　看板的使用原则

看板使用方法如图 5-19 和图 5-20 所示。

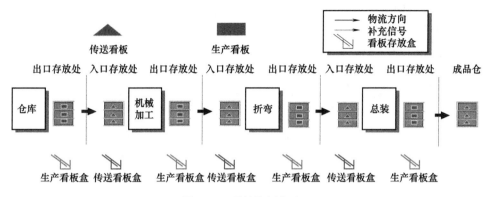

图 5-19　看板使用方法 1

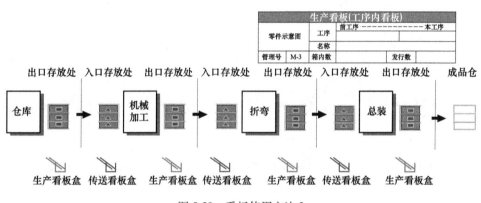

图 5-20　看板使用方法 2

每个工序内的生产看板一定有其对应的传送看板，工序间的信息传递依靠传送看板来进行，各车间的生产结合生产看板和传送看板实现后拉式生产，具体使用方法如下：

1）后拉式生产看板的使用方法和规则（各工序间存在中间仓）。

① 机械加工车间、折弯车间、总装车间在生产前应先收到生产看板（见图 5-20）。

② 各车间的作业人员到对应备料区核实传送看板与物料的零件型号、数量等信息是否一致（见图 5-21）。

③ 核实信息无误后，将传送看板回收至传送看板盒（见图 5-22）。

④ 用生产看板去核实物料的型号、数量等信息是否一致（见图 5-23）。

⑤ 各车间的作业人员将物料拉至工作站，开始生产作业（见图 5-24）。

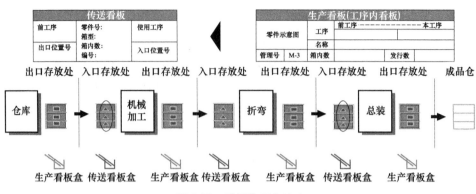

图 5-21　看板使用方法 3

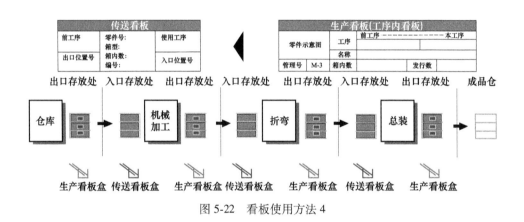

图 5-22　看板使用方法 4

图 5-23　看板使用方法 5

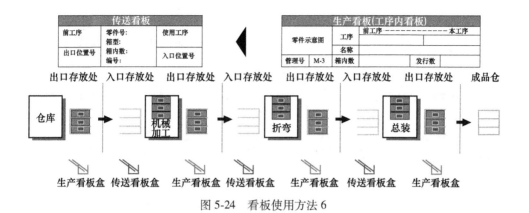

图 5-24　看板使用方法 6

⑥ 当各车间的备料区无物料时，通过传送看板传送下一时段的物料需求信息（见图 5-25）。

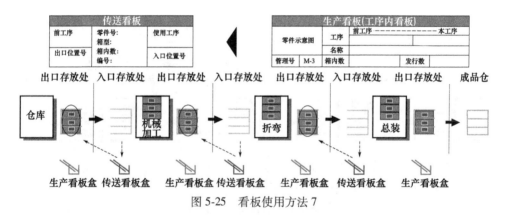

图 5-25　看板使用方法 7

⑦ 领料员根据需求信息到对应仓库或车间备料区核对生产看板与物料是否一致（见图 5-26）。

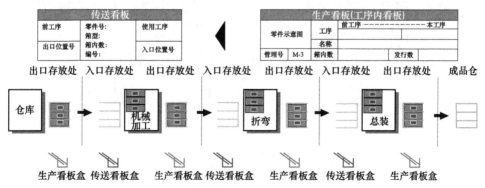

图 5-26　看板使用方法 8

⑧ 领料员核实无误后，生产看板回收至生产看板盒（见图 5-27）。

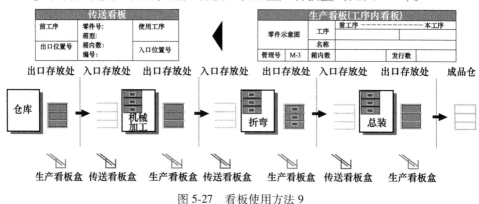

图 5-27　看板使用方法 9

⑨ 领料员用传送看板核实物料（见图 5-28）。

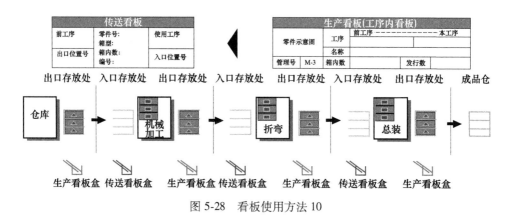

图 5-28　看板使用方法 10

⑩ 领料员将传送看板和物料拉至需求车间的备料区（见图 5-29）。

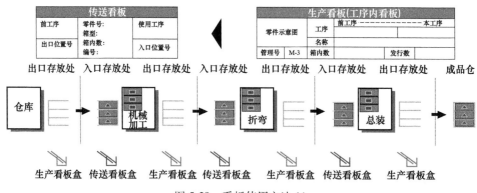

图 5-29　看板使用方法 11

⑪ 当仓库的备料区为空时，通过生产看板传递物料需求信息（见图5-30）。

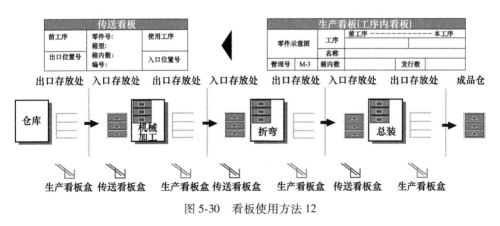

图 5-30 看板使用方法 12

⑫ 仓库作业人员根据生产看板进行备料（见图5-31）。

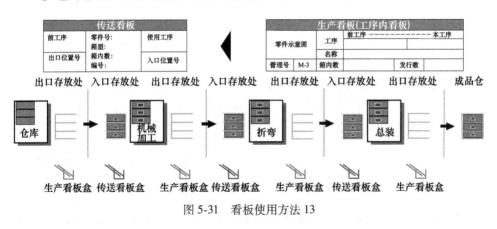

图 5-31 看板使用方法 13

⑬ 仓库作业人员备料完成后，核对生产看板与物料信息是否一致（见图5-32）。

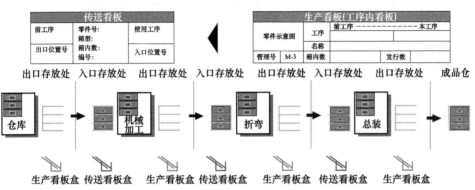

图 5-32 看板使用方法 14

⑭ 仓库作业人员将生产看板与物料拉至仓库的备料区；各车间作业人员将作业完成的成品拉至中仓（见图5-33）。

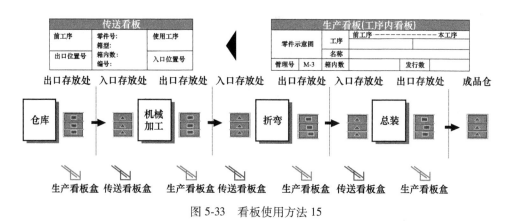

图5-33　看板使用方法15

⑮ 经过一段时间后（如2h、4h、8h），当各车间的物料、半成品使用完后，对应工序刚好完成生产工作，通过传送看板将信息传递给对应的车间，领料员进行物料的后拉转运工作，如此循环，无间断生产。

2）后拉式生产看板的使用方法和规则（各工序间无中间仓）。

① 机械加工车间、折弯车间、总装车间在生产前应先收到生产看板（见图5-34）。

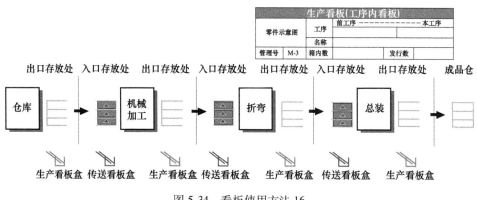

图5-34　看板使用方法16

② 各车间的作业人员到对应备料区核实传送看板与物料的零件型号、数量等信息是否一致（见图5-35）。

③ 核实无误后，将传送看板回收至传送看板盒（见图5-36）。

④ 用生产看板去核实物料的型号、数量等信息是否一致（见图5-37）。

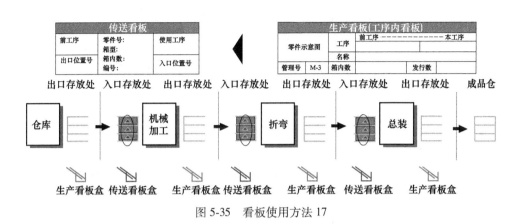

图 5-35 看板使用方法 17

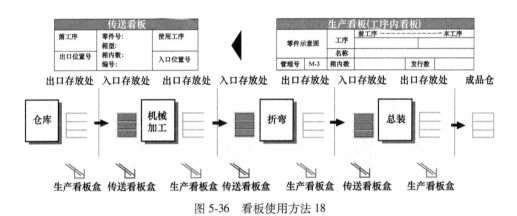

图 5-36 看板使用方法 18

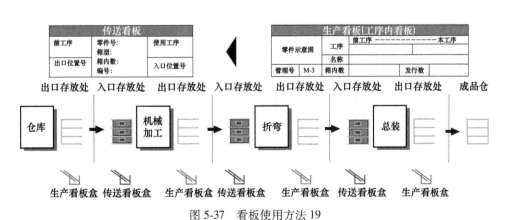

图 5-37 看板使用方法 19

⑤ 各车间的作业人员将物料拉至工作站，开始生产作业（见图 5-38）。

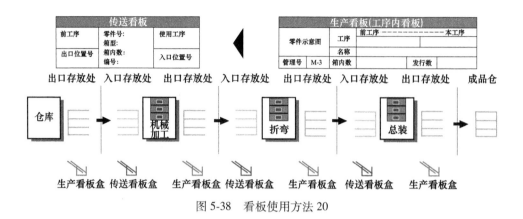

图 5-38　看板使用方法 20

⑥ 当各车间的备料区无物料时，通过传送看板传送下一时段的物料需求信息（见图 5-39）。

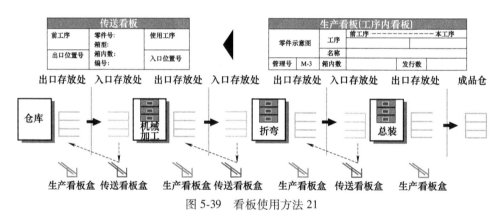

图 5-39　看板使用方法 21

⑦ 当仓库的备料区为空时，通过生产看板传递物料需求信息，仓库作业人员根据生产看板信息进行备料（见图 5-40）。

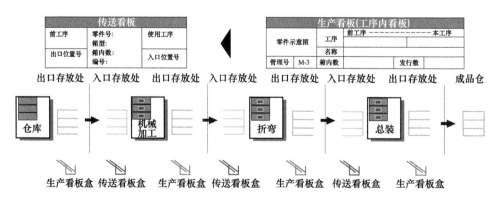

图 5-40　看板使用方法 22

⑧ 当仓库作业人员备料完成后，核对生产看板与物料信息是否一致（见图 5-41）。

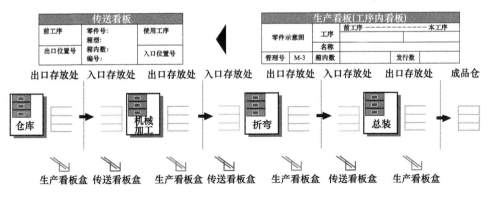

图 5-41 看板使用方法 23

⑨ 仓库人员将生产看板与物料放置在仓库备料区；各车间将作业完成成品拉至成品区（见图 5-42）。

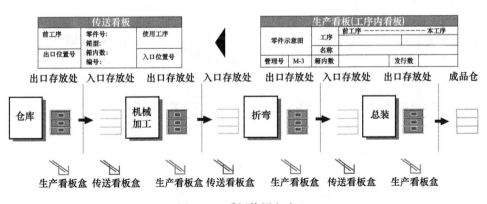

图 5-42 看板使用方法 24

⑩ 领料员根据需求信息到对应仓库或车间的备料区核对生产看板与物料是否一致（见图 5-43）。

⑪ 领料员核实无误后，生产看板回收至生产看板盒（见图 5-44）。

⑫ 领料员用传送看板核实物料（见图 5-45）。

⑬ 领料员将传送看板和物料拉至需求车间的备料区（见图 5-46）。

⑭ 经过一段时间后（如 2h、4h、8h），当各车间的物料使用完成后，对应工序同时完成作业工作，通过传送看板将信息传递给对应车间，领料员进行物料的后拉转运工作。如此循环，无间断生产（见图 5-47）。

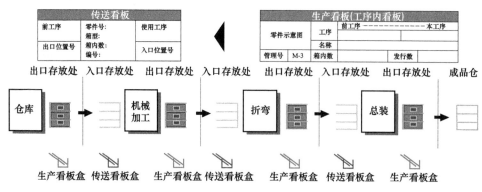

图 5-43　看板使用方法 25

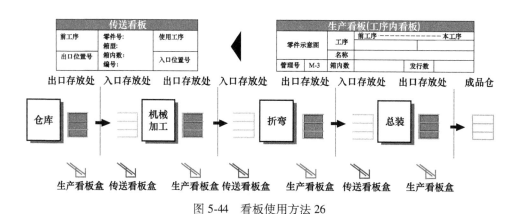

图 5-44　看板使用方法 26

图 5-45　看板使用方法 27

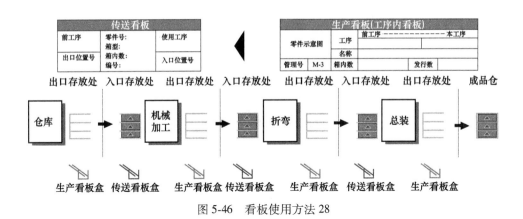

图 5-46　看板使用方法 28

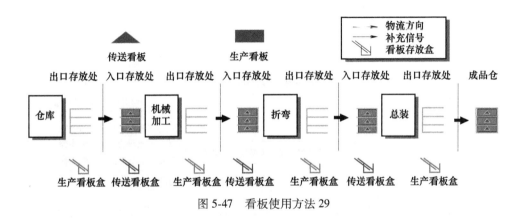

图 5-47　看板使用方法 29

5.3.5　持续改善

由于定义价值、识别价值流、流动和后拉的相互作用，价值流动速度显著加快，因此就必须不断地用价值流分析方法找出更隐藏的浪费，做进一步的改善。这样的良性循环成为趋于尽善尽美的过程（精益制造的目标是通过尽善尽美的价值创造过程，包括设计、制造和对产品或服务整个生命周期的支持，为用户提供尽善尽美的价值）。

精益制造的尽善尽美有 3 个含义：用户满意、无差错生产和企业自身的持续改善。因为外在市场环境处于不断变化之中，企业内部也要不断进行转变，所以"尽善尽美"永远是一个目标，但持续对"尽善尽美"的追求，将造就一个永远充满活力、不断进步的企业。

第◆6◆章

品质精细化

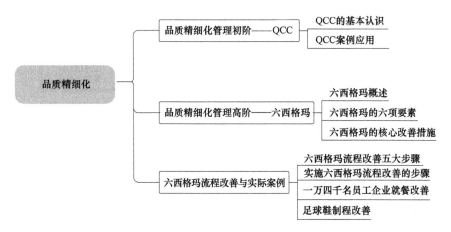

在社会飞速发展的今天，各行各业的市场竞争都非常激烈，人们对产品质量的要求越来越高，企业只有不断提高产品质量才能在市场上占据一席之地。企业想要获得更高的经济效益，并占据一定的市场份额，就必须通过严格的质量管理来保证产品质量，在提高生产率、降低成本的同时确保产品的质量。部分企业由于规模较小，资源有限，很多管理工作做得不够完善，有部分企业在质量管理方面的意识不强，没有设立专门的管理部门，极易出现产品质量问题。

提升产品质量，需要建立健全质量管理体系，并借助相关的质量管理工具。本章主要介绍QCC（品管圈）和六西格玛两种品质管理工具。QCC投入较小，需要的资源条件相对较低，且具有见效快的特点，适用于所有企业；六西格玛作为一种先进的管理工具，对企业人员的素质、资源投入等有一定的要求，但创造的价值往往也较为巨大。

六西格玛方法是以向顾客提供近乎完美的产品和服务为宗旨，在通用电气（GE）公司前任总裁Jack Welch的带领下，应用六西格玛创造一次又一次的成功后，一股前所未有的六西格玛学习和应用狂潮正在席卷全球。

多数人对六西格玛都有一个误解，认为六西格玛是全新的，但事实上它所使用的手法包括了统计工具、品质管控技术及流程图等分析方法。六西格玛是一种把过去的品质管理等技术与现代管理思想联系起来的管理模式。

6.1　品质精细化管理初阶——QCC

6.1.1　QCC 的基本认识

QCC 英文全称 Quality Control Cycle，中文译作"品管圈"。QCC 就是由相同、相近或互补性质的工作场所的人们自动自发组成数人一圈的小圈团体（又称 QC 小组，一般 6 人左右），全体合作、集思广益，按照一定的活动程序来解决工作现场、管理、文化等方面所发生的问题及课题。

QCC 起源于 1950 年戴明（Deming）教授的统计方法课程，以及 1954 年朱兰（Juran）教授的质量管理课程，由日本石川馨博士正式创立，并在日本发扬光大，现已成为一种常用的改善工具，被广泛应用于解决质量、生产等方面的问题。QCC 的发展历程如图 6-1 所示。

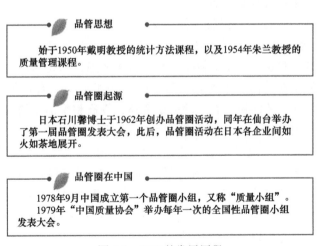

图 6-1　QCC 的发展历程

在 20 世纪 80 年代至 90 年代的广泛实践中，人们认识到 QCC 是我国多年来开展群众性质量管理活动的经验同国外科学的管理方法相结合的产物，是"两参一改三结合"（干部参加劳动，工人参加管理；改革不合理的规章制度；领导干部、技术人员、工人群众三结合）在新形势下的发展和体现。石川馨教授多次讲，他所倡导的 QC 小组，在一定程度上受到了中国"三结合"小组的影响。

QCC 作为一种卓有成效的改善工具具有的特点如图 6-2 所示。

1.普遍性
企业员工人人都可以参加QCC活动

2.自愿性
以员工自愿参加为前提，员工可进行自我管理，不受行政命令的制约

3.目的性
以解决企业管理的实际问题为目的

4.科学性
QCC活动遵循规定的工作程序，采用科学的统计技术和工具来分析和解决问题

5.民主性
参加QCC活动的员工可以各抒己见、畅所欲言，发挥民主精神，以实现既定的目标

6.改进性
实施QCC活动是要确保某项工作或活动的改进，否则毫无意义

7.经济性
QCC活动涉及的人员和范围不大，在日常工作中可随时组织和进行，投入小，见效快，日积月累，经济效益明显

8.发展性
QCC活动遵循PDCA循环，持续改进，在原有目标上不断发展

9.激励性
通过QCC活动的实施，员工的自主性和能动性得以充分发挥，而且通过QCC成果的肯定和发布，以及所获得的奖励，员工的工作积极性会不断提高，从而增强企业凝聚力

图 6-2　QCC 的特点

在推行 QCC 活动时，首先要成立 QCC 小组。第一次圈会时应通过商议选出圈长，由圈长主持圈会，并确定一名记录员，担任圈会记录工作。通过民主方式决定圈名、圈徽。由圈长填写“品管圈活动组圈登记表”，成立品管圈，并向 QCC 推动委员会申请注册登记备案。

QCC 小组活动的程序是解决小组活动课题的科学途径。无论是哪种类型课题的 QCC 小组活动程序，都不是哪一个人随意杜撰出来的，而是人们对活动规律的认识和总结，并在此基础上概括出来的科学的思维和行为模式。这些程序每一个步骤之间都存在着内在的逻辑关系。QCC 小组活动只有把每一步工作都做扎实、充分、透彻，才能避免在活动中走弯路，提高整个活动的有效性，最终取得满意的效果。QCC 活动的一般步骤如图 6-3 所示。

（1）主题选定　一般应根据企业年度目标和中心工作，根据现场存在的薄弱环节和客户（包括下道工序）的需要来确定 QCC 品管圈活动课题选择。QCC 品管圈的选题范围涉及企业各个方面的工作，如提高质量、降低成本、设备管理、提高劳动生产率、安全生产、改善环境、提高顾客满意度和加强企业内部管理等。主题的选定遵循以下几个原则：

1）每人提出 2~3 个问题点，并列出问题点一览表。

2）以民主投票的方式产生活动主题，主题的选定以品管圈活动在 4 个月左右能解决为原则。

3）提出选取理由，讨论并定案。

4）主题决定后要呈报部门直接主管/经理审核，批准后方能成为正式的品管圈活动主题。

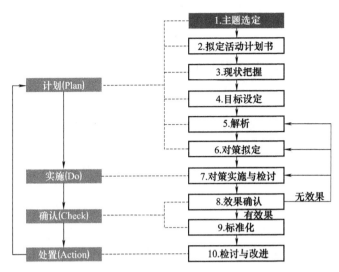

图6-3 QCC活动的一般步骤

本阶段推荐使用头脑风暴法和亲和图。

（2）拟定活动计划书 主题确定后须制订活动计划及进度表，并决定适合每一个圈员的职责和工作分工，活动计划表交QCC推行委员会备案存档。本阶段推荐使用头脑风暴法和甘特图。

（3）现状把握 根据特性要因图（或围绕选定的主题，通过圈会），设计适合本圈需要的、易于数据收集、整理的查检表。决定收集数据的周期、收集时间、收集方式、记录方式及责任人。圈会结束后，各责任人员即应依照圈会所决定的方式，开始收集数据。数据一定要真实，不得经过人为修饰和造假。本阶段推荐使用查检表。

（4）目标设定 明确目标值，并和主题一致，目标值要尽量量化。不要设定太多的目标值，最好是一个，最多不超过两个。目标值应从实际出发，不能太高也不能太低，既有挑战性，又有可行性，并对目标进行可行性分析。设定目标要遵循目标管理的SMART原则。

（5）解析 在圈会上确认每一项关键项目，针对选定的每一项关键项目，运用头脑风暴法展开特性要因分析，找出影响的主要因素，主要因素要求具体、明确且便于制订改善对策。会后落实责任人对主要因素进行验证、确认，且拟出对策与构想，并于下次圈会时提出报告。

（6）对策拟定 根据上次圈会把握的重要原因和实际观察、分析、研究的结果，按分工的方式，将所得之对策一一提出讨论，除了责任人的方案构想外，以集思广益的方式，吸收好的意见。

圈长要求圈员根据讨论结果，以合理化建议的形式提出具体的改善构想。圈长将对策实施计划及合理化建议报部门主管/经理批准后实施（合理化建议实施绩效不参加合理化建议奖的评选，而直接参加品管圈成果评奖）。如对策须涉及圈外人员，一般会邀请他们来参加此次圈会，共同商量对策方法和实施进度。本阶段推荐使用愚巧法、头脑风暴法、系统图法。

（7）对策实施与检讨　对所实施的对策，由各圈员就本身负责的工作做出报告，顺利者给予奖励，有困难者加以分析并提出改进方案和修改计划。对前几次圈会做整体性的自主查检，尤其对数据收集、实施对策、圈员向心力、热心度等，必须全盘分析并提出改善方案。各圈员对所提出对策的改善进度进行反馈，并收集改善后的数据。

（8）效果确认　效果确认分为有形效果及无形效果。每一个对策实施的效果，通过合理化建议管理程序验证，由圈长最后总结编制成合理化建议实施绩效报告书，进行效果确认。对无效的对策需要开会研讨决定取消或重新提出对策。

有形效果将根据已实施改善对策的数据，使用 QCC 工具（总推移图及层别推移图）用统计数据来判断。改善的经济价值尽量以每年为单位，换算成具体的数值。圈会后应把所绘制的总推移图张贴到现场，并把每天的实绩打点到推移图上。本阶段可使用检查表、推移图、层别图和柏拉图等。

（9）标准化　为使对策效果能长期稳定的维持，标准化是品管圈改善历程的重要步骤。应把品管圈有效对策纳入企业或部门标准化体系中。

（10）检讨与改进　任何改善都不可能是十全十美，并一次解决所有的问题，一定还存在不足之处，找出不足之处，才能更上一层台阶。老问题解决了，新问题又来了，所以问题改善没有终点。按 PDCA 循环持续改善，每完成一次 PDCA 循环后，就应考虑下一步计划，制订新的目标，开始新的 PDCA 改善循环。

QCC 活动要想获得好的效果，除了遵循必要的步骤以外，还需要具备以下条件：

1）高层的认知和支持。

2）中层的认知、教育、实践、支持。

3）QCC 不是只做一次，必须持续不断的改善。摩托罗拉号称推动六西格玛替公司创造了 10 亿美元的效益，但不要忘记，其背后是推动了 2000 多个改善项目。

6.1.2　QCC 案例应用

本节通过某公司"跃进号"QCC 小组改善企业员工培训参与率与合格率低

的实际案例介绍 QCC 工具的使用方法（见表 6-1）。

表 6-1　QCC 小组改善

QCC 圈名：跃进号

成立时间：20××年××月

QCC 团队概况

圈名	跃进号	成立时间	20××年××月
活动宣言	积极参加培训，提高和充实自己		
活动主题			
圈员		圈会频率	
		圈会时间	

1. 主题选定

背景说明：

随着公司发展的需要，各类培训也越来越多，由于历年来公司对培训工作重视不够，培训管理不严，很多员工没有意识到培训的重要性，不愿主动地参加培训，导致培训效果不理想，员工整体素质得不到提高。公司领导意识到人才的重要性，仅有人的量是不够的，人的质才是最重要的。从 20××年开始，公司在员工培训上加大投入，并要求人力资源部采取措施增强员工培训意识和培训效果，为此我们组建了跃进号品管圈。

员工对培训的消极看法主要表现在以下方面：

1）培训没什么作用和效果。

2）没有时间参加培训。

3）主管对培训没有什么要求，合格不合格一个样。

4）公司没有培训场地。

5）培训教师都是公司员工，培训水平不高。

6）我这样做也很好，不需要再培训。

7）下班后参加培训，占用的时间有没有补贴。

8）公司有些培训教师还不如我。

9）公司领导从不参加培训，为什么要我主动参加。

10）每次培训内容都是一样，旧的，没有什么新东西。

2. 拟定活动计划书（见表6-2）

表 6-2 活动计划时间表

活动大日程计划			月份						
活动阶段		活动项目	担当	4月上	4月下	5月上	5月下	6月上	6月下
P	1	小组建立		………					
	2	人员分工		………					
	3	上期活动追踪							
	4	主题选定		………	………				
	5	拟定计划			………				
	6	数据收集			………				
	7	目标设定			………				
	8	把握现状				………			
	9	要因分析					………		
	10	真因验证 对策拟定					………		
D	11	对策实施					………		
C	12	效果确认						………	
	13	成果比较						………	
A	14	标准化						………	
	15	检讨与改进							………
	16	下期主题活动							………

3. 现状把握

现状调查和数据收集整理。

1）培训参与率和培训合格率统计，统计情况见表6-3。

表 6-3 培训参与率培训合格率

项目	月份			
	20××年1月	20××年2月	20××年3月	合计
培训/次	6	5	6	17
应参加人数/位	760	620	680	2060
实际参加人数/位	643	530	580	1753
参与率（%）	84.6	85.5	85.3	平均85.1
考核合格人数/位	373	318	360	1051
合格率（%）	58	60	62	平均60

从表 6-3 可知，20××年 1~3 月应参与人数 2060 人次，实际参与 1753 人次，缺席 307 人次，平均每月培训参与率为 85.1%，培训合格人次 1051 人次，考核不合格 702 人次，平均合格率为 60%。

2）造成参与率低的原因频数调查统计。对 1~3 月不参与培训问题的原因频数进行统计，统计情况见表 6-4。

表 6-4 参与率频数 （参与率低的原因）

项次	参与率低的原因	频数/次	累计频数/次	百分比（%）	累计百分比（%）
1	没有时间	187	187	60.9	60.9
2	不想参加	66	253	21.5	82.4
3	有事请假	29	282	9.4	91.8
4	出差或开会	15	297	4.9	96.7
5	其他	10	307	3.3	00

柏拉图表示如图 6-4 所示。

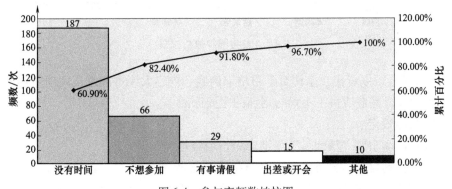

图 6-4 参与率频数柏拉图

通过图 6-4 可以看出，没有时间、不想参加两项占不参与率达 82.4%，是造成员工不参加培训的主要问题。

3）造成合格率低的原因频数调查统计。对 1~3 月合格率低的原因频数进行统计，统计情况见表 6-5。

表 6-5 参与率频数 （合格率低的原因）

项次	合格率低的原因	频数/次	累计频数/次	百分比（%）	累计百分比（%）
1	未认真学习培训内容	432	432	61.5	61.5
2	内容太深难理解	180	612	25.6	87.1

（续）

项次	合格率低的原因	频数/次	累计频数/次	百分比（%）	累计百分比（%）
3	培训考试题太难	56	668	8.0	95.1
4	教师讲授不清楚	24	692	3.4	98.5
5	其他	10	702	1.5	100

参与率频数柏拉图表示如图6-5所示。

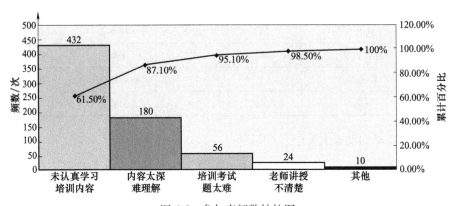

图6-5　参与率频数柏拉图

从图6-5可以看出，未认真学习培训内容、内容太深难理解这两项占不参与率的87.1%，是造成员工不参与培训的主要原因。

4. 目标设定

（1）活动主题　增强员工培训意识，增强培训效果。

（2）活动目标　将员工培训参与率从85%提升到95%，培训合格率从60%提高到90%。培训参与率和合格率在活动前及活动目标值对比如图6-6所示。

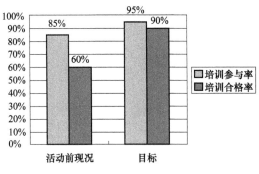

图6-6　目标值对比

（3）目标可行性论证　以下各方面为达到目标创造了条件：

1）公司领导对培训越来越重视。

2）公司培训的投入不断加大，配备了相应的人力和物力。

3）公司正推行员工竞争上岗制，员工凭能力说话，使员工有下岗紧迫感，主动参与培训的意识加强。

4）社会上人才竞争激烈，没有知识和经验很难找到合适的工作，让员工意识到培训学习的重要性。

5）在绩效考核中，培训参与率和合格率成为考核指标之一，培训成绩作为晋升和加薪的依据。

5. 解析

通过全体圈员讨论分析培训参与率和合格率低的主要原因：

（1）员工培训参与率低的主要原因（见图6-7）

1）工作忙没有时间。

2）不重视培训不想参加。

3）培训条件环境差。

4）培训策划和组织差。

5）培训管理不严格。

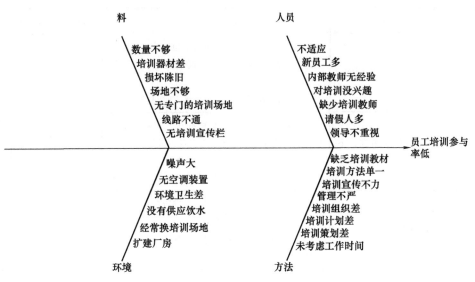

图6-7　因果图图例

（2）员工培训合格率低的主要原因（见图6-8）

1）内容太深难理解。

2）未认真学习培训内容。

3）培训考题太难。

4）教师讲授不清楚。

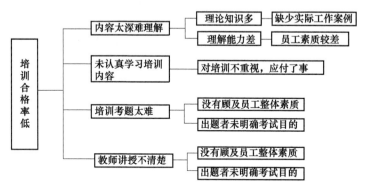

图6-8　树枝结构分析

6. 对策拟定、实施与检讨

针对上述主要原因，特制订如表6-6的对策。

表6-6　改善对策

序号	主要原因	改善对策	负责人	完成时间
1	工作忙没有时间	1）提前一周下发各类培训通知 2）各部门负责人根据培训通知妥善安排好工作 3）一般性出差或开会应与培训时间错开	A	×年×月
2	不重视培训、不想参加	1）制订培训考核与奖惩办法，实施经济手段，对无特殊理由不参加培训者予以处罚 2）加强培训宣传力度，提高员工参与意识 3）提高公司领导及部门负责人对培训的重视	B	×年×月
3	培训环境差	1）固定一个专用的培训室，进行装修，并配置相应空调、饮水等设施 2）配备并购买必要的培训工具，确保培训开展效果	C	×年×月
4	培训策划和组织差	1）重新招聘一名培训专员，加强培训策划、组织和宣传，尤其是培训计划的策划和实施 2）依据ISO 10015：1999标准制订《培训管理手册》，对培训的准备、教材编写、实施等进行文件规定	D	×年×月

（续）

序号	主要原因	改善对策	负责人	完成时间
5	培训管理不严	1）对日常培训纪律进行规定和严格实施 2）要求各级主管加强对培训的重视	E	×年×月
6	未认真学习培训内容	1）培训结束后，给予适当的时间给员工学习和复习培训内容 2）在员工学习过程中随时提供培训内容咨询和解答	F	×年×月
7	内容深难理解，缺少实际案例	1）要求做到培训内容结合工作实际展开，并配以案例说明 2）培训内容应符合大多数员工的素质要求，不能太深也不能太浅	G	×年×月

7. 效果确认

（1）有形成果　经过 QCC 改善活动后，对 20××年第三季度 7～9 月培训参与率和合格率进行统计，情况见表 6-7。

表 6-7　改善后成果

项目	月份			
	20××年 7 月	20××年 8 月	20××年 9 月	合计
培训/次	7	6	5	18
应参加人数/位	960	500	520	1980
实际参加人数/位	950	496	518	1954
参与率（%）	98.9	99.2	99.6	平均99.2
考核合格人数/位	874	475	498	1847
合格率（%）	92	95.8	95.9	平均94.6

从表 6-7 可以看出，改善后的平均每月（20××年 7～9 月）培训参与率为 99.2%，平均合格率为 94.6%。已达到并超过了活动前所定的目标值。

（2）无形成果　员工的培训意识、策划和组织等得到了较大的改善（见图 6-9）。

8. 标准化

标准化成果：

1）编制并实施《××集团公司培训管理手册》。

2）编制并实施《培训与奖惩办法》。

9. 检讨与改进

针对此次活动存在的问题点和不足进行收集讨论，并持续改善。

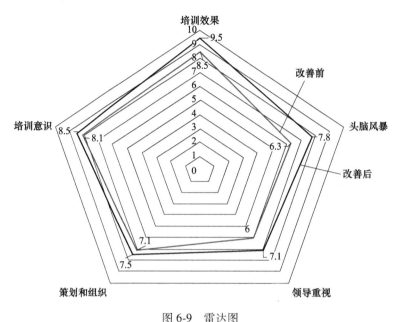

图 6-9　雷达图

此次 QCC 活动带来的启示：品管圈活动主要是由圈长及圈员们运用现场资料，并通过头脑风暴的方式，不断发掘现场问题，再利用一些手法加以分析、改善，因此在品管圈活动中，圈会是最主要的活动之一。如果圈会进行得好，整个品管圈活动一定会顺利，其有形、无形成果必佳。反之，如果圈会开得不好，即所谓会而不议，议而不决，决而不行等，则品管圈活动必定无法达到预期的成果。

6.2　品质精细化管理高阶——六西格玛

6.2.1　六西格玛概述

六西格玛管理模式在 1987 年由摩托罗拉公司提出，其首席执行官 Bob Galvin 在质量衰退、竞争压力不断增加的情况下采用了六西格玛的管理模式，并宣称摩托罗拉将用五年的时间达到六西格玛水平。1988 年 Motorola 公司成立了第一个六西格玛改善团队，并由此尝到了六西格玛所带来的甜果。

六西格玛经历了制造实施、设计和事务处理这三个阶段。制造阶段始于 20 世纪 80 年代后期由摩托罗拉公司带领；而设计阶段和事务处理阶段，按其发展时间可以分为两部分：一是 20 世纪 80 年代后期和 20 世纪 90 年代早期由摩托罗拉公司和德州仪器公司领导；二是 20 世纪 90 年代中期到后期由霍尼韦尔（联信公司）和 GE 所领导。

今天，六西格玛在事务环境中不断成熟起来，许多公司应用六西格玛处理了多重复杂的流程，从中获取了新的结构化解决问题的经验。现在六西格玛不仅应用在生产和服务中，也应用在产品和流程的设计中。在设计阶段就推行六西格玛，能够节约更多的研发费用，且不断地促进生产和事务成本的降低。

六西格玛是什么？可以从狭义和广义两方面来理解。

从狭义上解释，西格玛是一个希腊字母，统计学家用其来代表"标准偏差"。西格玛告诉我们在一组群体中有多少的变异，变异越大，标准偏差也就越大。比如某快递公司向某公司承诺的送货时间为两天，经过一段时间的合作后，却发现快递公司并没有做到自己的承诺：有的时候只要一天他们就能完成送货，而有的时候超过三天他们都没将货送到，想想看这是一个多大的标准偏差。因此西格玛是一个统计测量流程和产品特征性能的标准尺度，它的目的就是减少流程中的变异，使流程达到最小的标准偏差。

从广义上说，六西格玛是一种度量工具和计量单位，可用来评价或衡量一个产品和服务的质量水准，并能显著改善关键流程的绩效，是一种在短期和长期内都能给顾客和股东带来经济利益的方法。一个成功实施的六西格玛项目至少能带来训练前期投入费用的好几倍利益。

六西格玛也是一种挑战员工不断充实自身的好方法，通过六西格玛改善团队成员的选择和黑/绿带的培训，组织能发现并培养出一批以解决问题和资料分析技术为目标的新领导人。如果一个组织热衷于在自己的业务上产出可观的利润，并且热衷于在组织中建立一个新的领导小组，那么六西格玛是实现它的一种奇妙而有用的方法。

总的来说，六西格玛作为测量流程或业绩的一个统计标准，可以通过实现流程或业绩趋于近乎完美的质量目标，使组织拥有领先世界级业绩的管理系统，从而在激烈的市场竞争中保持不败之地。

六西格玛改善方法以定义、测量、分析、改善、控制（DMAIC）结构化的改善流程为核心。DMAIC 用于三种基本改善流程：六西格玛产品/服务实现流程改善、六西格玛业务流程改善和六西格玛设计。DMAIC 在实施上由拥护者 Champion、黑带大师 MBB、黑带 BB、绿带 GB 四级经过培训职责明确的人员作为组织保障。六西格玛改善方法强调定量方法/工具的运用，强调对顾客需求/满意的详尽定义并量化表述，且每一阶段都有明确的目标并由相应的工具或方法辅助。

六西格玛存在的价值究竟是什么？为什么六西格玛对众多的企业又有如此大

的诱惑力？可以从两个方面来解释这个问题：

1）为了在激烈的市场竞争中求得生存，并使企业获得核心能力取得竞争优势。

六西格玛是一种突破流程的改善方法，具有消除浪费、提高质量、降低成本，使价值最大化的功能，从而提高顾客满意度并加强市场竞争力。

2）对企业文化和个人带来巨大的影响。

谈起企业文化，似乎让人们感到很抽象。但是，仔细观察周围的人，在处理最简单的问题上所共有的观念、价值取向和行为准则，就不难感觉到它的存在。简单地说，企业文化就是"我们这儿做事的方式"。

当组织试图去改善质量，特别是通过改善工作流程（包括加工、服务、行政和管理等）以获取最佳产品和服务质量的时候，文化便显示出巨大的阻力。霍德盖茨先生解释其原因为：当战略与文化发生冲突时，文化恒胜；当企业文化与变革的精神不兼容时，变革的努力将遭到失败。

霍德盖茨先生也总结了美国鲍德理奇奖获奖企业的 20 条经验教训。分析这些成功企业的经验教训，特别是处于顶层位置的企业文化建设方面的经验教训，发现成功的企业在实施质量战略时，比别的企业多走了一步。那就是他们在致力于产品与服务质量改善的同时，肯花大力气去改造他们与六西格玛质量不相适应的企业文化，以使全体员工的信念、态度、价值观和期望与六西格玛质量保持同步，从而创造出良好的企业质量文化，保证了六西格玛管理战略的成功。

除了改变企业文化外，六西格玛黑带和绿带的培训具有许多包括个人和组织双赢的利益。企业职员通过这些培训，使工作效率得到提高，更进一步增强其工作的可信度，在强大的管理层支持下集中精力工作，从可见性项目中量化成功的指数，使其减少"打地鼠"行为。

6.2.2 六西格玛的六项要素

六西格玛的六个关键要素是在企业中使流程达到六西格玛所不能缺少的。

1. 真诚以客户为中心

在很早之前就有一个口号："第一条：顾客永远都是对的；第二条：顾客如果有错请参考第一条。"但事实上只有很少的企业能做到真正了解顾客的需求，从而对他们的流程进行改善。

应关注顾客在六西格玛中是否被授予了最高的优先权。测量流程执行能力是以顾客之声（VOC）开始的，而六西格玛改善是以影响顾客满意度和提供给顾客的价值来定义的，因此六西格玛改善的第一项任务就是——定义顾客的需求及满足顾客需求的流程。

2. 数据和事实驱动的管理方法

虽然计算机和网络使各个领域充斥着各种各样的数据，但还是存在着对数据低水准的分析和轻率的假设，对这一点完全没有必要感到惊讶。六西格玛团队要说明哪个测量对评估商业绩效是关键的，然后掌握并分析数据来理解关键差异和流程能力。

六西格玛为管理和改善团队所要面对的基本问题提供答案：

1）经营流程中的每个步骤实际上在做什么？

2）与所期望的有多少差别？

3）要回答其他问题还需要收集哪些数据？

3. 流程的关注、管理和改善

在设计新产品或服务、测量现在的流程执行能力、提高效率或客户的满意度上，六西格玛都把流程作为达到顾客要求的核心。

六西格玛一个最重要的关键，是使领导者相信，控制并改善流程并不是必经的灾难，而是向顾客提供真正价值来取得竞争优势的必经步骤。在六西格玛团队的第一次会议上，他们必须明确哪个核心流程最能影响顾客的满意度。

4. 超前管理

超前管理意指在问题发生之前所采取的预防措施。在商业领域中，超前就意味着设立目标然后向目标不断地努力，具有超前管理的组织善于挑战事务的处理方式，而不是一味地捍卫旧的方式，并积极奖励那些阻止问题发生的人，至少保证其和解决问题的人得到一样多的奖励。

超前管理确实是实现创造力很好的起点，远比从一个令人慌乱的危机中惊醒再进入另一个危机中强。持续不断出现的问题，意味着企业失去了控制，也意味着浪费了更多的金钱和精力在返工和加急维修上。

六西格玛用超前管理代替事后行动的工具和实践，对于当今商业领域不容出错的情况来说，超前管理是达到目标的良好方法。

5. 无界限的合作

"无界限"这个词来源于通用电气公司，被引申为打破阻碍在组织中流动的思想和行动障碍。

六西格玛要求员工知道在组织中扮演的角色及与外部客户的关系，这样企业内部会有更好的合作模式。通过把顾客放在经营重点的核心地位，六西格玛要求用流程来改变每一个人，为每一个人创造利益，而不只是为了一两个部门。

6. 追求完美，容忍失败

六西格玛强调完美，并提供一个有用的经营框架。六西格玛团队经常发现需要权衡各种风险："花两个星期来收集数据是否值得？""如果找出了问题所在，很可能在短期内制造更多的问题，如何承担伴随改善流程而来的责任？"团队所承担的最大风险是尝试新方法，花时间来收集数据也许是冒险的，但它能带来更好、更有效的决策。不改变流程意味着工作将会一如既往地进行下去，而所得到的结果也是一如往常的。

任何实施六西格玛的组织都要做好遭遇偶然挫折并从中学习的准备。一个六西格玛管理者曾说："过去我们都是在一个条件良好的温室里，无风无险按照步骤慢慢地成长，但现在则是在环境恶劣的大自然中，挑战自然的残酷和无情，磕磕碰碰不断迅速地茁壮成长。"

也许看了这六项要素后，人们会说"我们已经做了这其中的一些事了！"对此一点也不要感到奇怪，因为六西格玛大部分工具不是新的，新的是六西格玛把所有这些工具放进一个有管理阶层支持的、有条理的计划中。

当开始六西格玛团队的领导工作时，要承认企业的优势和弱势，并且要开放地去尝试新的东西。如果企业愿意接受在短期内收入暂时减少并从中学习，那就会更快地得到更好的效果。

回顾目前已有的方法，确信它们正在帮助改善产品的质量和提供给顾客的服务；如果不是这样，就应该改变过去的流程，并且准确地确定所做的改变对企业和顾客是有意义的。

6.2.3　六西格玛的核心改善措施

根据对顾客的了解和有效的测量，有三个策略可推动六西格玛的实施发展，这三个策略是一个整体，并且都是基于对组织中流程的关注，这在六西格玛提供的创新中是最为重要的，也是最容易被忽视的。六西格玛的三大策略就是流程改善、流程设计和流程管理，任何实施六西格玛的企业都会与这三大策略中的一个或更多接触。

1. 流程改善：找出目标解决方案

流程改善是要找出现在流程中引起问题的根本原因，并对其进行改善和消除。改善是对流程中产生变异的因素进行评估并确定产生的问题。在六西格玛团队中，流程改善小组的工作就是要在流程中找出引起不必要缺陷的流程变异，通过一系列方法和工具来控制并消除，从而达到流程改善的目标。

一般情况下，六西格玛改善小组用五个步骤（DMAIC）来解决流程中的问题：

1）定义（Define）：确定需要改善的流程、产品或服务，定义问题及顾客需求，并决定项目所需要的资源。

2）测量（Measure）：定义缺陷并对其测量，收集现有流程、产品或服务相关的数据（底线），并确定改善的目标。

3）分析（Analyze）：对测量阶段收集的数据进行分析，从而找出影响流程、产品或服务的原因。

4）改善（Improve）：移除引起流程、产品或服务产生变异的原因，从而改善流程，并确保解决方案能满足或者超过改善目标。

5）控制（Control）：对实施解决方案后的流程、产品或服务进行控制，使之能稳定地保持在解决方案实施后的水平，确保不会恢复到改善前的状态。

2. 流程设计/重新设计

上述的 DMAIC 方法虽然在许多领域中都适用，但有些时候因为某种问题的存在，会使 DMAIC 并不是那么具有魔力，比如：

1）当一个或几个核心流程选择被替换而不是改善的时候。

2）当六西格玛团队领导发现只对现有流程进行单纯的改善还是无法满足顾客多变的各种需求时。

3）当组织要提供一个全新产品或服务的商机时。

在这些情况下，就要设计或重新设计核心流程。因为实施六西格玛改善只能让组织发展到一定程度，要想达到更好的水平，组织需要采用六西格玛设计（Design for Six Sigma—DFSS 或 Six Sigma Design—SSD）。在流程设计中，团队会使用六西格玛原理创造革命性、基于顾客需求、经过数据和测试验证的新流程、产品或服务。

3. 流程管理

六西格玛流程改善策略中最容易被遗忘的，就是六西格玛改善观念并不只是应用在对项目的改善上，还应用在对整个企业的流程管理上。六西格玛的第三个策略——流程管理，是三个策略中最难的一环，因为它包括了对企业文化和流程的改变和控制，并使它们和六西格玛的成就保持一致。流程管理指的是对组织中所有的流程都进行管理，而不只是对不同的功能单位进行单独管理。

流程管理在六西格玛控制策略中最具有挑战性。如果缺少流程管理，六西格玛注定无法发挥其极致之效。一般情况下，流程管理包括：

（1）定义（Define）　定义流程、关键顾客需求及流程所有者。

（2）测量（Measure）　对与顾客需求相关的性能和关键指标进行测量。

（3）分析（Analyze）　分析数据以便于提高测量能力和精炼流程管理机制。

（4）控制（Control）　控制流程产生的变异，并控制问题的输入、操作、输出来提高流程的执行能力。

在流程管理阶段，可以应用之前介绍的很多步骤（定义、测量、分析和控制，在这里跳过改善），因为它的焦点是面对整个流程，而不是针对一个特定的问题或设计。流程管理随着六西格玛成效的扩张，以及对流程、产品和顾客的加深了解而逐渐地在发展。

流程管理通常是企业高层通过对企业的管理来改善流程，也就是说这并不在六西格玛改善团队的职权当中，所以在此不进行详细地描述。然而，作为六西格玛改善团队的成员或领导，必须意识到你的工作会影响六西格玛在组织中推广的成效。

每一个六西格玛的团队，都会事先定义清楚在产品或服务中存在的缺陷，而后进行流程改善。当流程达到了最高的能力但仍然无法满足顾客不断增长的需求时，就会选择创造一个全新的流程，从而提供更好的质量水平，这个时候就要选择六西格玛流程设计。

所有的改善团队都会通过一些途径对改善后的流程进行管理并将此任务传递给其他人。如果没有人被指派去跟踪改善结果并维持，新的流程解决方案将无法生存和成功。基本上来讲，DMAIC 中的控制阶段就是对所有流程成就进行管理的一部分。

6.3 六西格玛流程改善与实际案例

6.3.1 六西格玛流程改善五大步骤

DMAIC 作为实现六西格玛流程改善的步骤和工具，它从顾客的需求出发，描述组织中所有流程的特征，并通过六西格玛工具使之优化，从而达到顾客的需求。在执行六西格玛流程改善项目中，每个项目都必须经过 DMAIC 这五个阶段。

当对现有流程开始实施六西格玛方法时，相较于采取流程设计或流程管理这两个策略，采取流程改善有其独特的优势：

1）现有流程的存在必定有一段时间，对整个组织的影响也应是相当清晰。一般一种流程操作模式的转变，如果没有通过一段时间来过渡磨合，而直接强行做出改变，只会带来更多的疑惑和混乱，如此也是一个组织所不愿见到的。而应用 DMAIC 是在现有的流程基础上，对其步骤中的变异进行侦测，从而找出控制和消除的方法，减少最终输出的缺陷，并不会给流程造成太大的变动，从而使对流程的改善能温和地进行。

2）在采取质量改善模式时，资源投入是不能不考虑的。相对于流程设计，流程改善 DMAIC 所需要投入的资源会少一些，因为重新设计一个流程，需要更专业、更具有流程技术和改善概念的人们进行。在执行流程设计前，如果先采用流程改善，一可以让员工对六西格玛的概念有一个了解，更好地为流程设计做好铺垫，二可以解决流程中的问题，大大提高流程满足顾客需求的能力。

3）质量改善这一活动从 20 世纪三四十年代就已经开始了，包括很多企业开展的全面质量管理、新生产系统等质量活动，所带来的影响相信很多企业都记忆犹新。而六西格玛正是由之前这些质量改善工具结合当今先进的管理理念而产生的。对现有流程进行全面跨功能的改善时，人们对六西格玛的工具、方法和词汇的接受程度就显得很重要了，应用 DMAIC 可以给人们提供一个更深入熟悉工具的机会。图 6-10 所示为六西格玛改善五大步骤。

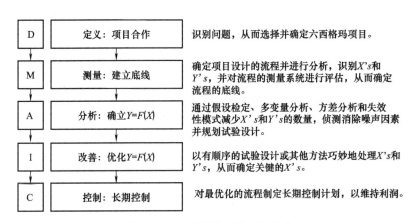

图 6-10　六西格玛改善五大步骤

4）六西格玛的 DMAIC 策略是从顾客需求的定义和测量开始的，持续地对流程进行测量以观测流程是否有满足顾客需求的能力，以此做出控制和改善。在旧的质量改善模式中，找不到定义顾客需求的影子，而控制也没有作为一种流程管理的基础，来持之以恒地进行。

在整个流程问题的 DMAIC 解决过程中，改善团队就好像使用漏斗对影响流程的因子进行筛选一样，其过程如图 6-11 所示。

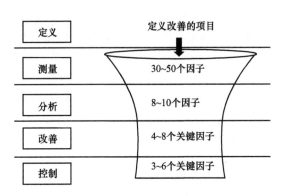

图 6-11　流程中因子筛选

在项目开始前，务必列出流程中所有可能的输入，即使我们认为它们是不重要的。通过有顺序地实施 DMAIC，利用六西格玛工具并找出 $X's$ 和 $Y's$ 之间的因果关系。随着项目的进展，不断地往关键流程加入和删除 $X's$，并逐步地缩小之前那些想法的焦点，直到改善团队有足够的数据用于说明哪些$X's$对$Y's$有直接的影响，滤去对流程没有显著影响的$X's$，让剩下的$X's$继续流下去，并通过统计工具和非统计工具对剩下的4~8个关键因子进行改善和优化设置。

确定解决流程问题的最佳方案后，在流程的长期操作管理上便可关注3~6个关键因子，进行控制以防流程问题的重新出现。

6.3.2 实施六西格玛流程改善的步骤

六西格玛流程改善的关键点是解决流程中出现的问题以减少最终输出产品或服务的缺陷，并对流程持续不断地进行测量和控制，以观察其是否达到满足顾客需求的能力。但仅仅收集数据和信息而没有进行实际改善的项目不是一个成功的项目，根据六西格玛流程改善理论，遵循着这样一个步骤：将流程中出现的实际问题先转换成统计问题，应用统计工具和六西格玛理论找出统计解决方案后，将统计解决方案应用于现实，并转换成实际解决方案，进行长期控制，如图6-12所示。

图6-12 转换成实际解决方案

1. 实际问题

当要进行六西格玛流程改善项目时，对流程中出现的问题进行清晰、详细地定义是项目成功的关键，这将在项目定义阶段中讨论得更详尽些。例如，某足球鞋大底拉力测试的标准为$35N/cm^2$，要求测试通过率99%，但经实验室的拉力测试分析，实际通过率却只有98%，那这两者之间有多大的不同？衡量财务性的差异又有多少？

2. 统计问题

出现问题的流程中涉及关键过程输入变量（Key Process Input Variables，KPIV's）的输入（$X's$）是哪些？涉及关键过程输出变量（Key Process Output Variables，KPOV's）的输出（$Y's$）又有哪些？应用统计工具找出是哪些输入（$X's$）影响了关键输出（$Y's$）。例如，影响鞋大底拉力的因子有温度、湿度、配置比例、加热时间、胶（药）水种类等，将这些因子进行转换并建立方程式$Y=f(X)$。

3. 统计解决方案

通过统计分析和六西格玛改善工具，找出关键$X's$的最佳设定和满足顾客需求的关键$Y's$的规格，得到这些值后我们就可以得到以下方程式：

$$Y=A_1×温度+A_2×时间+A_3×湿度+\cdots+A_n×其他+C$$

得到的这个方程式就是所说的统计解决方案。但这并不代表这一项目的完成，因为还需要把统计解决方案转换成为实际解决方案。

4. 实际解决方案

改变关键因子设定（温度＝55℃、时间＝300s……），并将这些设定运用到实际流程中，从而证实改善效果并控制新流程以维持利润。从统计解决方案到实际解决方案的转换可能存在困难，且任何组织中的变革常常会受到抵制。在最终实施解决方案前，可能还要有更多的实证和试验验证。

6.3.3 一万四千名员工企业就餐改善

1. 定义阶段

定义陈述问题如下。

食堂问题点：企业有两个食堂，第一食堂和第二食堂，其中，改善以第一食堂为例。

1）员工进餐路线为两条，安排不合理，造成排队时间过长的现象。

2）员工就餐为 3 个批次，总时间为 1h，就餐时间过长。

3）食堂存在座位不足的现象。

2. 测量阶段

（1）一般员工就餐流程图（见图 6-13）。

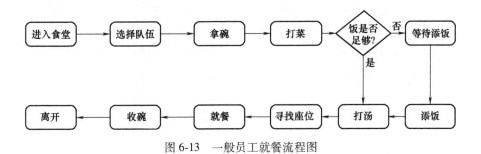

图 6-13 一般员工就餐流程图

（2）食堂员工打菜流程图（见图 6-14）。

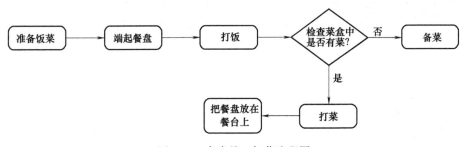

图 6-14 食堂员工打菜流程图

（3）用餐时段表（见表6-8） 第一食堂（共有座位：1700个）。

表6-8 用餐时间表

下班时段	编制用餐人数/位	现实际用餐人数/位	用餐时段
11：20	1830	1689	11：22～11：35
11：40	3138	2672（座位不足）	11：42～11：59
12：00	1700	1593+线外人员	12：02～12：15

（4）第一食堂用餐路线图（见图6-15）。

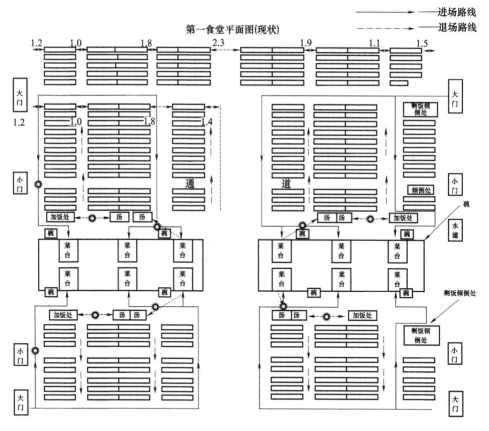

图6-15 第一食堂用餐路线图现状

3. 分析阶段

第一食堂的问题点在于：

1）由于就餐队列的不合理，只有两条进餐路线，造成食堂内多处出现拥挤、堵塞现象（见图6-15）。

2）第一食堂中间的菜台效率低。

3）自行加饭处秩序很乱，造成拥挤、堵塞现象。

4）12：00就餐时段，警卫在12：10就离开食堂，而员工打完饭、菜的时间一般在12：15左右，后面5min时间没有警卫维持秩序，食堂一片混乱。

5）11：40就餐时段就餐人数偏多（见表6-8），造成座位不够。

6）12：00就餐时段常常出现没饭、没菜的现象。

4. 改善阶段

关于第一食堂的改善建议如下：

1）进餐路线由2条增加为3条（见图6-16）。

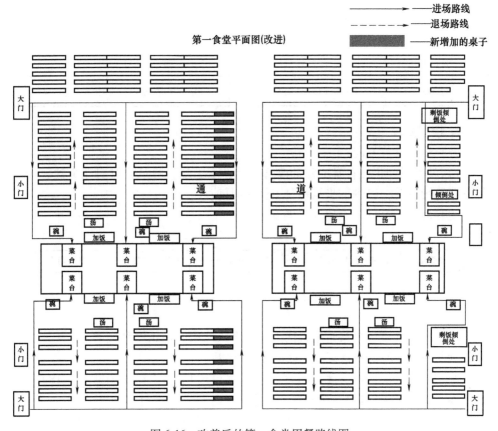

图6-16　改善后的第一食堂用餐路线图

2）针对中间菜台效率低，就餐队列安排不合理问题，可以采取中间菜台处增加一个队列来避免拥挤、堵塞及排队时间长等现象（见图6-16）。

3）取消自行加饭处，改为食堂打饭（具体打饭点见图 6-16）。

4）12:00 就餐时段，警卫在 12:15 方可离开食堂。

5）针对 11:40 就餐时段就餐人数偏多，座位不够的问题，可以采取增加座位的方式解决（具体位置增设情况见图 6-16，可增加 120 个座位）。

6）警卫督导先打到饭的员工，尽量到后排就座。

第一食堂的改善结果如下：

1）取消自行加饭处，改为食堂打饭后，避免了哄抢的现象，使食堂的就餐秩序有了明显的好转。

2）平均用餐时间缩短了 3~5min，见表 6-9。

表 6-9　改善后用餐时间

下班时段	原用餐时间	现用餐时间
11:20	13min（11:22~11:35）	10min（11:22~11:31/11:24~11:34）
11:40	18min（11:41~11:59）	14min（11:41~11:55/11:41~11:56）
12:00	13min（12:02~12:15）	10min（12:02~12:12/12:04~12:14）

5. 控制阶段

进一步的改善方向：

1）就餐时间仍然存在一定的改善空间，下一步打算从食堂打菜方法、人员等方面继续改善，以进一步缩短员工就餐时间。

现有食堂员工打菜流程（见图 6-17）。

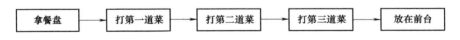

图 6-17　现有食堂员工打菜流程

注：现有食堂每个菜台配置两人，每个人从第一道工序到最后一道工序所需时间为 9~11s，即打一盘菜所用时间需要 9~11s。

2）建议。对于第一食堂而言，在打菜台增加一名人员（见图 6-18），负责"拿餐盘"与"打第一道菜"，而另外两名人员负责打"打第二道菜""打第三道菜"和"放在前台"。这样，打一盘菜所用时间为 6~7s。经取一队进行试验，在人数相同的情况下，三个人一组的打菜台比两个人一组所用时间少了 3~4min。

3）建议食堂打菜台平面图（第一食堂），如图 6-18 所示。

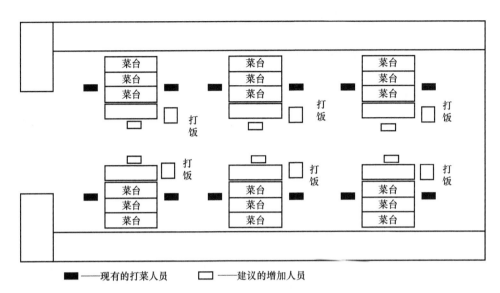

■——现有的打菜人员　□——建议的增加人员

图 6-18　建议的食堂打菜台平面图

6.3.4　足球鞋制程改善

1. 定义阶段

（1）定义陈述问题

1）识别问题。在近年的全球 KPI 的评比中，某工厂的成绩均不理想，直接影响了该工厂在全球代工企业中的竞争力及从客户获得的订单量。在 KPI 的所有评分项目中，退货鞋一项就占了 15%，因此如何降低退货数便成了提高 KPI 得分的关键。针对退货情况，六西格玛改善小组进行分析，得出如下结论：

在总退货数为 98870 双的鞋子中，由于拉力问题的退货数有 26608 双，占比 26.912%，拉力不良已成为退货鞋的主要原因。而在 4268 双足球鞋的退货中，由于拉力问题的退货鞋有 792 双，占比 18.557%，也是退货比例最高的原因。下面从不同方面对足球鞋进行分析。

① 地理位置：不同国家之间的拉力退货问题存在着显著差异。

② 季节：在四个季节里不存在显著差异，即拉力退货问题不会受到季节的影响。

③ 号码：在不同年龄之间存在显著的差异，成人鞋比童鞋退货率高。

④ 鞋面材料：人工皮和珠面皮之间存在显著差异，人工皮比珠面皮差。

鞋底材料：热塑性聚氨酯弹性体橡胶（TPU）和橡胶之间存在显著差异。TPU 大底的退货平均值比橡胶大底好一些。

⑤ 生产产区：不同厂区之间存在很大差异。A 厂的拉力退货率最低，C 厂的拉力退货率最高。

生产产地：处于不同地理位置的三个代工厂在 95% 的置信区间内没有显著性的差异。

2）提出问题。从地理位置、季节、号码、鞋面材料、鞋底材料、生产产区和生产产地这几个方面可以看出，地理位置、季节、号码、材料和生产产地是客观存在的，不可控制，但生产产区是可以控制的。生产产区中 A 厂的拉力退货率最低，C 厂的拉力退货率最高。对此进行跟踪调查，发现 A 厂与 C 厂的主要差异如下。

① 人员差异（包括操作差异）。

② 机器设定的差异。

3）问题陈述。

在两个差异原因中，人员差异或多或少都会存在，但机器差异除了本身品牌、使用时间及保养的差异外，主要差异体现在机器设备的条件设定上，差异原因如下。

① 现场没有按照标准作业程序（SOP）操作流程。

② 现场 SOP 设定的标准操作范围很大，不利于现场操作。

（2）选择执行项目

1）顾客之声（VOC）。对于足球鞋大底与鞋面拉力不良的问题，从 VOC 入手以得到关于此方面的第一手数据。针对客户寄回的足球鞋退货样本鞋进行分析，列出不良原因分析的统计表格并按柏拉图进行排列，希望从中得到确切的顾客之声（见图 6-19）。

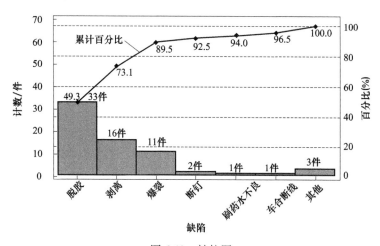

图 6-19　柏拉图

① A 厂的前几个不良原因排序：

a. 前掌内侧脱胶占比 38%。

b. 鞋头脱胶占比 12%。

c. 前掌内侧皮料爆裂占比 8%。

d. 人工皮剥离占比 6%。

e. 鞋头皮料爆裂占比 6%。

f. 内腰脱胶占比 4%。

② B 厂的前几个不良原因排序：

a. 前掌内侧人工皮剥离占比 50%。

b. 大底人为刷药水不良，皮料脱离占比 12.5%。

c. 内腰至后跟人工皮剥离占比 12.5%。

d. 前掌内侧人工皮剥离占比 12.5%。

e. 前掌内侧脱胶占比 12.5%。

③ C 厂的前几个不良原因排序：

a. 前掌内侧人工皮剥离占比 45.5%。

b. 前掌内侧脱胶占比 27.2%。

c. 外腰人工皮剥离占比 9.1%。

d. 后跟人工皮剥离占比 9.1%。

e. 鞋头脱胶占比 9.1%。

综合以上三个厂区的退货鞋，发现有 89.6% 的退货原因集中为鞋子裂开（脱胶、剥离和爆裂），如图 6-19 所示。

脱胶、剥离和爆裂的主要原因如下。

① 材料不良。

② 生产条件不良。

从上面的分析可知，消费者对足球鞋的要求主要有以下四个方面：

① 鞋面与鞋底之间不会脱离。

② 鞋面不会裂开或破损。

③ 鞋钉不会断。

④ 鞋底不会破损。

2）品质关键点（CTQ）。通过以上分析可以得到产生退货的主要原因如下。

① 结合退货数据分析的原因。

a. 人员差异。

b. 机器设定的差异。

② 结合退货鞋子分析的原因。

a. 对于材料不良，原因为供货商提供的材料无法达到质量标准。

b. 对于生产不良，原因为工厂生产不当造成的。

而工厂生产不当主要原因有：

a）人员操作不良。

b）机器设备的不良。

基于以上分析，造成鞋子退货的原因主要如下：

① 材料不良。

② 人员操作不良。

③ 机器设备的不良。

3）确定项目。

针对以上退货的三个原因，用头脑风暴法对其进行分析和讨论。

① 对于材料不良，其根源主要在于材料供货商提供的材料不符合标准。

② 对于人员操作不良，主要原因为员工熟练度不高及其是否按照 SOP 操作。

③ 机器设备不良，除了使用时间和品牌的差异，主要是机器条件设备设定的差异。

经过调查与分析可知：

① 对于材料不良，已经建立供货商评估体系，对供货商提供材料的质量和交期进行监控。

② 对于人员操作不良，工厂目前已对员工进行职前培训并不断加大熟练工和多能工的比例，严格要求现场员工按照 SOP 进行操作、监督，并建立相关的奖惩制度。

③ 对于机器设备不良，由于机器使用时间的差异，故无法精准控制，但厂区内机器设备因其设定表现出的差异是可以控制的。

综上所述，结合退货数据和对退货鞋子的分析，将项目范围确定在机器差异上，即改善机器生产条件的设置。

（3）确定项目范围　鞋子从投入到产出，机器生产条件的设置经过了许多过程。按现场流程的 SIPOC 和头脑风暴法，确定了成型是对鞋子拉力影响最大的流程，如图 6-20 所示。

因此，确定项目的范围是：在成型部门找出拉力最佳时机器生产条件的设置。

（4）项目衡量指针　由于这个项目的目标是降低工厂因拉力达不到标准而引起的退货，以提高工厂在 KPI 评比中退货鞋所占的分数，而退货鞋中又以足球鞋问题最为严重，故项目的结果衡量指针确定为工厂今年足球鞋退货比例的大小。从对因拉力达不到标准引起的退货分析中得出：89.6%的原因集中为足球鞋鞋子裂开（脱胶、剥离和爆裂），而足球鞋裂开反映的是鞋子拉力的大小达不到

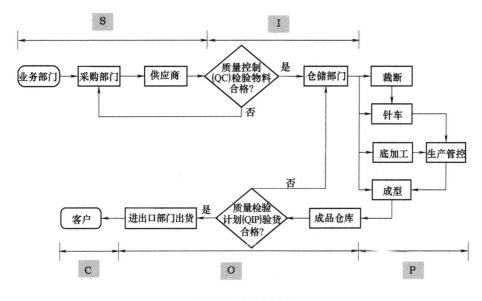

图 6-20　SIPOC 图

标准（标准为拉力值大于 $35\mathrm{N/cm^2}$）。所以将足球鞋因拉力达不到标准引起退货的原因，确定为足球鞋的拉力值达不到标准。在项目执行过程中，主要的衡量指标是足球鞋大底与面拉力的大小。

（5）明确项目输出　由于成型流程输出为成品鞋，而成品鞋从出口到退货须经过一段很长的时间，故对于此项目而言，成型流程最关键的输出为足球鞋大底与面的拉力，该拉力可以通过试验测试得知其大小。通过对退货的足球鞋分析可知，退货的足球鞋拉力不良的部位主要集中在人工皮部位，所以明确项目的输出是足球鞋中人工皮部位与大底的拉力，而且使其保持在 $35\mathrm{N/cm^2}$ 以上并控制在某一区间内。

2. 测量阶段

针对改善成型机器生产条件的设置这个项目，在测量阶段需要对现有的成型相关的输入（x）与输出（y）进行数据收集，以确定现有过程是否处于受控状态。由于退货原因集中是鞋面材料为人工皮的，故选择一款鞋面有人工皮的足球鞋。

如图 6-21 所示，对成型流程进行深入的研究并讨论。

通过对成型流程的分析，制作出因果矩阵（Cause & Effect Matrix），以确定在成型流程中要关注的输入变量 x，并以此为目标进行测量（关注的输入变量 x 见数据收集表）。

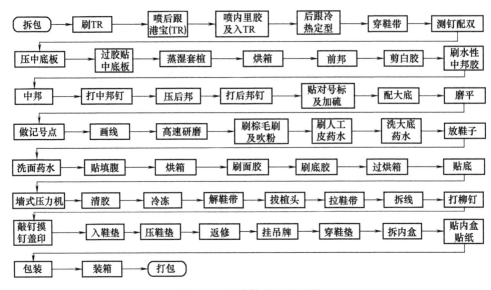

图 6-21　足球鞋成型流程图

从以上的分析可得出初步影响成型拉力的输入变量 x。在对这些输入因子进行，数据收集前，在从事品管工作三年以上的员工中，挑出三个有丰富经验的品管人员，确定详细的测量对象和测量方法，并进行数据测量收集的相关培训，通过测量系统分析得出测量工具的误差是在可接受的范围内后，才开始收集成型的输入因子数据。测量关键输入因子的数据由三个品管人员每隔一个小时对成型各条件设定和操作进行测量并记录，测量数据持续十天。测量数据见表 6-10。

表 6-10　测量数据

因子	8:00	9:00	10:00	11:00	13:00	14:00	15:00	16:00
前邦扫刀温度								
压中邦层数								
加硫箱温度								
加硫箱时间								
打粗砂布套								
打粗效果								
吹粉效果								

（续）

因子	8:00	9:00	10:00	11:00	13:00	14:00	15:00	16:00
画线压力								
药水配比								
胶水配比								
清洗剂是否失效								
药水使用时间（面）								
药水使用时间（底）								
胶水使用时间（面）								
胶水使用时间（底）								
药水烘箱温度（面）								
药水烘箱温度（底）								
药水烘箱底温（面、底）								
胶水烘箱温度（面）								
胶水烘箱温度（底）								
胶水烘箱时间（面、底）								
贴底时间								
压力机压力								
压力机时间								

测量关键输出 y（拉力）数据：在测量生产条件的同时，每天从日生产中，抽取一只鞋子送到品管实验室进行拉力测试。

此外，还收集了1~7月品管实验室每日送测鞋子的拉力资料。

3. 分析阶段

首先对从成型工序收集的关键输入数据进行分析，如图6-22所示（以前邦扫刀为例）。

对关键输入进行分析后，再分析对应天数的拉力稳定性，如图6-23所示。

通过对所得到的数据进行分析可以看出，现有的生产条件不稳定，拉力也不稳定，生产条件和拉力根本不处于受控状态。

六西格玛小组针对试验所得到的结果，通过改善团队头脑风暴，得出：

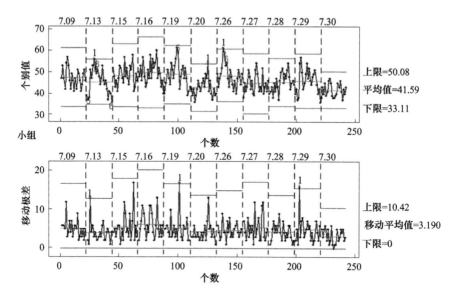

图 6-22　基于关键输入数据进行分析的控制图

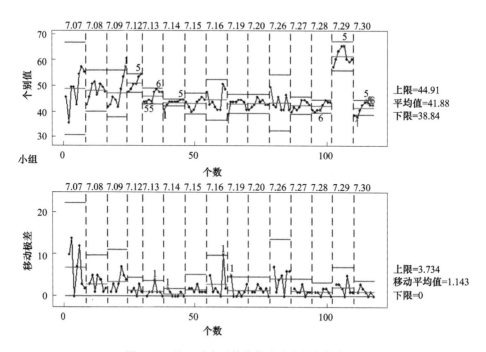

图 6-23　基于对应天数的拉力稳定性的控制图

机器设备生产条件的设定，会因为外部的生产环境条件的变化而不同，尤其是冬天与夏天的生产制程条件会存在很大差异。而各个厂商提供的生产条件的范围也很大，这样不利于现场的操作。例如现场 SOP 中烘箱的标准为 50 ~ 70℃，并不区分药水烘箱面温、药水烘箱底温、胶水烘箱面温和胶水烘箱底温，且范围 50 ~ 70℃ 中，什么情况下用 50℃、什么情况下用 70℃ 都没有明确说明。最关键的一点是 50 ~ 70℃ 温度设定只是根据现场生产经验得出，没有科学依据。药水烘箱面温、药水烘箱底温、胶水烘箱面温和胶水烘箱底温本应分别设定标准，而且设定标准在什么范围内，较好的组合是什么（如药水烘箱面温设定在 50℃ 时，药水烘箱底温、胶水烘箱面温和胶水烘箱底温相对应在什么水平），这在 SOP 中都没有说明。

生产条件和拉力不稳定，处于不受控状态的原因是现场机器设定范围太大，存在的变异太大。因此，应改善现有的成型生产条件，得出最佳的成型生产条件组合。

之后，再对 1~7 月每日送测鞋的拉力进行分析。由于胶（药）水分为油性胶和水性胶，因此对油性胶和水性胶分别进行分析。

对于油性胶而言，控制图与过程能力分析如图 6-24~图 6-26 所示。

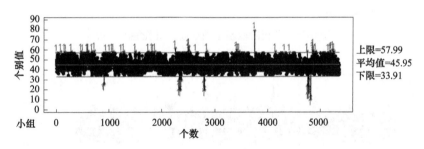

图 6-24　分析阶段基于油性胶的控制图 1

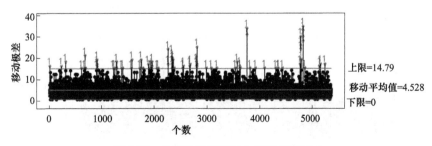

图 6-25　分析阶段基于油性胶的控制图 2

对于水性胶而言，控制图与过程能力如图 6-27、图 6-28 所示。

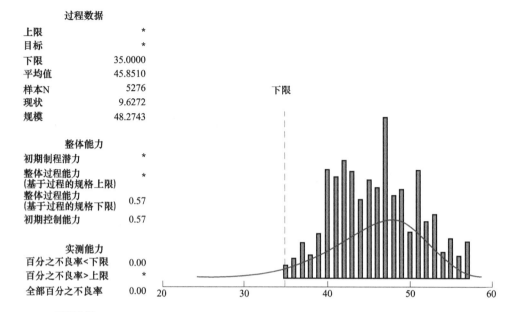

过程数据
上限	*
目标	*
下限	35.0000
平均值	45.8510
样本N	5276
现状	9.6272
规模	48.2743

整体能力
初期制程潜力	*
整体过程能力 (基于过程的规格上限)	*
整体过程能力 (基于过程的规格下限)	0.57
初期控制能力	0.57

实测能力
百分之不良率<下限	0.00
百分之不良率>上限	*
全部百分之不良率	0.00

预测性能
百分之不良率<下限	44237.60
百分之不良率>上限	*
全部百分之不良率	44237.60

图 6-26　分析阶段基于油性胶的过程能力分析

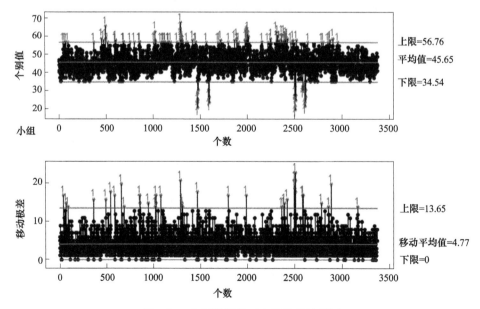

图 6-27　分析阶段基于水性胶的控制图

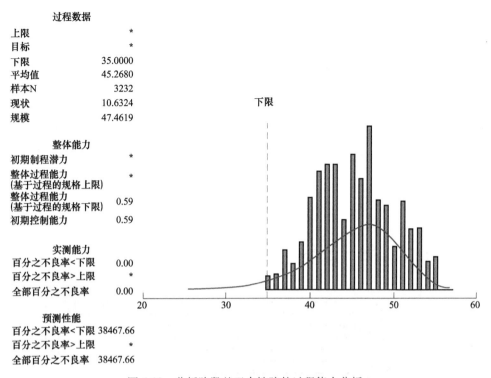

过程数据

上限	*
目标	*
下限	35.0000
平均值	45.2680
样本N	3232
现状	10.6324
规模	47.4619

整体能力

初期制程潜力	*
整体过程能力 (基于过程的规格上限)	*
整体过程能力 (基于过程的规格下限)	0.59
初期控制能力	0.59

实测能力

百分之不良率<下限	0.00
百分之不良率>上限	*
全部百分之不良率	0.00

预测性能

百分之不良率<下限	38467.66
百分之不良率>上限	*
全部百分之不良率	38467.66

图 6-28　分析阶段基于水性胶的过程能力分析

经过以上的控制图分析可以看出，不管是用什么样的胶（药）水，成型的每日拉力测试中都存在由特殊原因引起的异常，虽然大部分的平均值都大于 35N/cm²，但一只鞋子在测试拉力的时候，实验室测 22 个点的值，只要有一个点的拉力值小于 35N/cm²，则一整只鞋子都是不合格的，而且每只鞋子之间也存在很大的差异，这些都再次说明了现场生产处于不受控的状态。

从过程能力分析中可以看出使用各种胶（药）水的过程能力都远低于标准 Cpk 值 1.33，说明现有的成型过程要满足拉力大于 35N/cm² 规格要求的能力还是非常低，所以有很大的改善空间。

4. 改善阶段

在对收集的数据进行分析后，得知现有流程的过程能力。改善阶段的目的就是要找出成型的最佳生产条件，以此提高成型的过程能力，而拉力值则是作为现有测量改善结果的主要衡量指标。为了加快项目完成的进度并确保改善方案的有效性，六西格玛改善团队决定采用试验设计以找出成型的最佳生产条件。

试验计划：要改善现有的成型生产条件，得到最佳的成型生产条件组合。要先得出对拉力有重大影响的关键因子；然后根据交互作用，对关键因子进行分组；再运用全试验，找出试验的方向；最后根据响应曲面设计，找出成型线中的最佳生产条件。

（1）筛选试验（Plackett-Burman 试验）　试验因子（测量阶段确认的对拉力有影响的因子）：①压中底板层数；②前邦扫刀温度；③加硫时间；④加硫温度；⑤画线压力；⑥打粗砂布套；⑦打粗效果；⑧吹粉效果；⑨胶（药）水类别；⑩药水使用时间；⑪静置时间；⑫药水烘箱面温；⑬药水烘箱底温；⑭胶水使用时间；⑮胶水烘箱面温；⑯胶水烘箱底温；⑰贴底时间（出烘箱到贴底完成）；⑱水压压力；⑲水压时间；⑳墙压时间；㉑墙压压力；㉒模具号码是否一致。

此款足球鞋同时包含真皮与人工皮，故分析时应分别对为真皮与人工皮进行分析。

试验结果：

1）对于真皮而言（见图 6-29）。

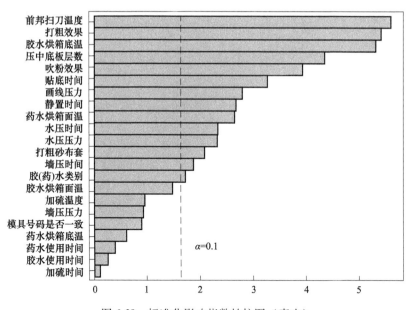

图 6-29　标准化影响指数柏拉图（真皮）

由柏拉图可知，重要因子为（α = 0.1）：①前邦扫刀温度；②打粗效果；③胶水烘箱底温；④压中底板层数；⑤吹粉效果；⑥贴底时间（出烘箱到贴底完成）；⑦画线压力；⑧静置时间；⑨药水烘箱面温；⑩水压时间；⑪水压压力；⑫打粗砂布套；⑬墙压时间；⑭胶（药）水类别。

2）对于人工皮而言（见图 6-30）。

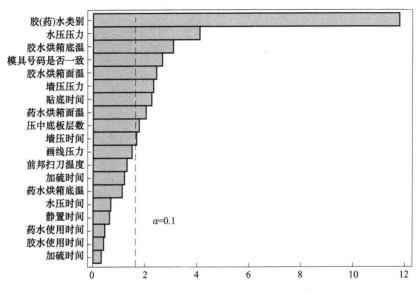

图6-30　标准化影响指数柏拉图（人工皮）

由图6-30的柏拉图可知，重要因子为（$\alpha = 0,1$）：

①胶（药）水类别；②水压压力；③胶水烘箱底温；④模具号码是否一致；⑤胶水烘箱面温；⑥墙压压力；⑦贴底时间（出烘箱到贴底完成）；⑧药水烘箱面温；⑨压中底板层数；⑩墙压时间。

其中，对真皮与人工皮而言都重要的因子是：

①压中底板层数；②胶（药）水类别；③药水烘箱面温；④胶水烘箱底温；⑤贴底时间（出烘箱到贴底完成）；⑥水压压力；⑦墙压时间。

（2）田口（Taguchi）试验　试验因子：从Plackett-Burman试验可知，对真皮与人工皮而言都重要的因子有7个，再根据真皮的重要因子和人工皮的重要因子，Taguchi试验中需考虑的因子有：①压中底板层数；②前邦扫刀温度；③画线压力；④胶（药）水类别；⑤静置时间；⑥药水使用时间；⑦胶水使用时间；⑧药水烘箱面温；⑨药水烘箱底温；⑩胶水烘箱面温；⑪胶水烘箱底温；⑫贴底时间（出烘箱到贴底完成）；⑬水压压力；⑭水压时间；⑮墙压时间；⑯墙压压力；⑰模具号码是否一致。

在试验过程中，将未纳入Taguchi试验的因子水平固定在Plackett-Burman试验得出的较好水平。

试验结果：通过前两次试验确定"压中底板层数"与"模具号码是否一致"为最优水平，因此这两个因子未纳入交互作用表。通过方差分析，得到以下交互作用表（此表及切割分组法皆为编者首创），见表6-11。

表 6-11　交互作用表

试验因子	前邦扫刀温度	画线压力	胶（药）水类别	药水使用时间	静置时间	药水烘箱面温	药水烘箱底温	胶水使用时间	胶水烘箱面温	胶水烘箱底温	贴底时间	水压压力	水压时间	墙压时间	墙压压力
前邦扫刀温度									⊕					⊕	
画线压力			⊕	⊕									⊕		
胶（药）水类别		⊕							⊕						
药水使用时间		⊕						⊕							
静置时间						⊕		⊕				⊕			
药水烘箱面温					⊕										
药水烘箱底温									⊕	⊕				⊕	
胶水使用时间				⊕	⊕										
胶水烘箱面温	⊕		⊕				⊕						⊕		
胶水烘箱底温							⊕					⊕			⊕
贴底时间															⊕
水压压力					⊕					⊕					
水压时间		⊕							⊕						
墙压时间	⊕						⊕								⊕
墙压压力										⊕	⊕			⊕	

注："⊕"表示两因子间存在两两交互作用。

因为胶（药）水类别的两水平，"水性胶"和"油性胶"之间没有特别的联系，所以从胶（药）水类别开始进行切割分组。

1）以画线压力为起点（见图6-31）。

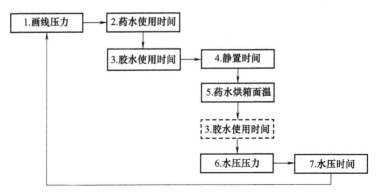

图6-31 以画线压力为起点的关联图

因此，将画线压力、药水使用时间、胶水使用时间、静置时间、药水烘箱面温、水压压力和水压时间归为一组。

2）以胶水烘箱面温为起点（见图6-32）。

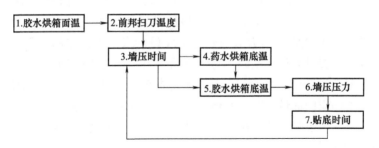

图6-32 以胶水烘箱面温为起点的关联图

因此，将胶水烘箱面温、前邦扫刀温度、墙压时间、药水烘箱底温、胶水烘箱底温、墙压压力和贴底时间归为一组。

（3）全试验

试验因子：将未纳入全试验的因子水平固定在 Taguchi 试验得出的较好水平。在进行全试验时，根据交互作用分为两组，所有鞋子的左脚用油性胶，右脚用水性胶。经过讨论分析，试验因子为：

1）以画线压力为起点（4因子）。

①静置时间；②药水烘箱面温；③水压压力；④水压时间。

通过分析和对因子控制的要求，确定因子"画线压力""药水使用时间"与"胶水使用时间"的设置为最优水平的设置，所以固定画线压力、药水使用时间和胶水使用时间。

2）以胶水烘箱面温为起点（5 因子）。

①药水烘箱底温；②胶水烘箱面温；③胶水烘箱底温；④墙压压力；⑤墙压时间。

通过分析和对因子控制的要求，确定因子"前邦扫刀温度"与"贴底时间"的设置为最优水平的设置，所以固定前邦扫刀的温度和贴底时间（出烘箱到贴底完成的时间）。

试验结果：通过全试验，可以得到试验因子的较优水平设置。

1）对于 4 因子全试验，试验的较佳水平设置为：

① 对于水性胶而言：静置时间（900s）；药水烘箱面温（65℃）；水压压力（6kg）；水压时间（6s）。

② 对于油性胶而言：静置时间（900s）；药水烘箱面温（60℃）；水压压力（8kg）；水压时间（6s）。

2）对于 5 因子全试验，试验的较佳水平设置为：

① 对于水性胶而言：药水烘箱底温（65℃）；胶水烘箱面温（50℃）；胶水烘箱底温（60℃）；墙压压力（35kg）；墙压时间（12s）。

② 对于油性胶而言：药水烘箱底温（65℃）；胶水烘箱面温（60℃）；胶水烘箱底温（60℃）；墙压压力（35kg）；墙压时间（12s）。

（4）响应曲面试验　因为考虑到全试验设计点的设计空间有限，运用响应曲面设计方法扩展试验设计空间。为了节约资源，在全试验基础上进行中心复合试验（中心复合试验中包含全试验）。响应曲面试验因子及分组与全试验相同。当进行 4 因子响应曲面试验时，其他 5 因子水平设定在全试验得出因子的较优水平上；当进行 5 因子响应曲面试验时，其他 4 因子水平设定在 4 因子响应曲面试验得出的最优水平上。

试验结果：通过响应曲面试验，可以得到试验因子的最优水平设置。

1）对于 4 因子响应曲面试验，最优水平设置为：

① 对于水性胶而言：静置时间（450s）；药水烘箱面温（67.5℃）；水压压力（9kg）；水压时间（9s）。

② 对于油性胶而言：静置时间（450s）；药水烘箱面温（57.5℃）；水压压力（9kg）；水压时间（5s）。

2）对于 5 因子响应曲面试验，最优水平设置为：

① 对于水性胶而言：药水烘箱底温（62.5℃）；胶水烘箱面温（55℃）；胶水烘箱底温（66.2℃）；墙压压力（37.5kg）；墙压时间（13.5s）。

② 对于油性胶而言：药水烘箱底温（62.5℃）；胶水烘箱面温（55℃）；胶水烘箱底温（65℃）；墙压压力（37.5kg）；墙压时间（13.5s）。

对此，以得出的最佳条件进行验证试验，根据验证试验得到的数据，进行控制图和过程能力分析：

1）对于油性胶而言，控制图与过程能力分析结果如图 6-33、图 6-34 所示。

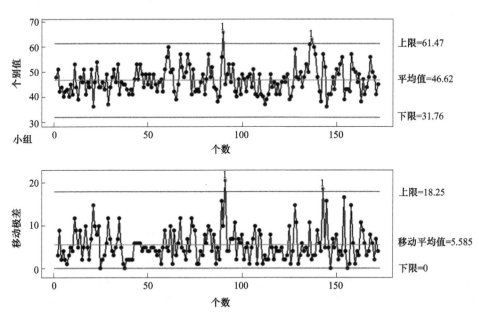

图 6-33 改善阶段基于油性胶的控制图

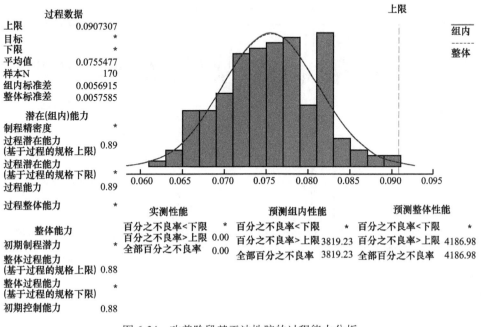

图 6-34 改善阶段基于油性胶的过程能力分析

改善前与改善后进行比较，见表6-12。

表6-12 基于油性胶改善前与改善后

油性胶	改善前	改善后
Cpk（短期）	—	0.89
Ppk（长期）	0.57	0.88
PPM（短期）	—	3819
PPM（长期）	44238	4187
Sigma 水平	3.2σ	4.1σ

综合比较改善前与改善后的结果，可以得出：

改善前使用油性胶足球鞋长期过程能力 Ppk 为 0.57，也就是说，如果继续按照这样的水平进行下去，那每一百万只足球鞋中长期内会有 44238 只鞋子拉力不符合规格要求。经过改善后 Cpk 为 0.89，长期过程能力 Ppk 为 0.88，也就是说如果继续按照这样的水平进行下去，那每一百万只足球鞋中短期内只有 3819 只鞋子拉力不符合规格要求，而长期则有 4187 只鞋子不符合规格要求。

2）对于水性胶而言，控制图与过程能力分析结果如图 6-35、图 6-36 所示。

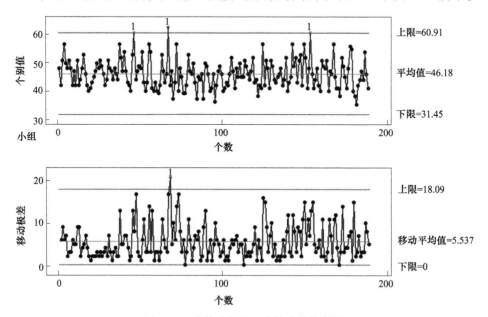

图 6-35 改善阶段基于水性胶的控制图

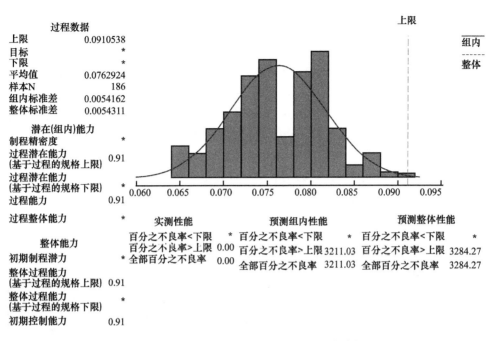

图 6-36　改善阶段基于水性胶的过程能力分析

将改善前与改善后进行比较，见表 6-13。

表 6-13　基于水性胶改善前与改善后

水性胶	改善前	改善后
Cpk（短期）	—	0.91
Ppk（长期）	0.59	0.91
PPM（短期）	—	3211
PPM（长期）	38468	3284
Sigma 水平	3.2σ	4.2σ

综合比较改善前与改善后的结果，可以得出：

改善前使用水性胶足球鞋长期过程能力 Ppk 为 0.59，也就是说如果继续按照这样的水平进行下去，那每一百万只足球鞋中长期内会有 38468 只鞋子不符合规格要求。经过改善后，短期过程能力 Cpk 为 0.91，长期过程能力 Ppk 为 0.91，也就是说如果继续按照这样的水平进行下去，那每一百万只的足球鞋中短期内只有3211只不符合规格要求，而长期则会有3284只鞋子不符合规格要求。

5. 控制阶段（Control Phase）

对于已得出的最佳生产条件的设置，要重新制订新的SOP，并要求现场生产时严格按照新的SOP生产。工厂品管人员每隔两小时进行一次生产条件的检查与测量，并做相关的记录。资料交给分析人员进行分析，检验是否处于受控状态。每天必须将该天生产的鞋子送一只到实验室进行拉力测试，以便观测生产过程中是否存在异常状况，以及拉力是否稳定。

在连续两周的订单中，现场用油性胶进行生产，每天送一只当天生产的鞋子到实验室进行拉力测试。

油性胶生产条件见表6-14。

表6-14 油性胶生产条件

因子	试验条件	因子	试验条件
压中底板层数	1层	药水烘箱面温	57.5℃
前邦扫刀温度	50℃	药水烘箱底温	62.5℃
加硫箱温度	100℃	胶水使用时间	1h内
加硫箱时间	8min	胶水烘箱面温	55℃
画线压力	2.5kg	胶水烘箱底温	65℃
打粗砂布套	40号	贴底时间	120s内
打粗效果	打刚好	水压压力（压边墙）	9kg
吹粉效果	吹干净	水压时间	5s
胶（药）水类别	油性胶	墙压时间	13.5s
药水使用时间	1h内	墙压压力	37.5kg
静置时间	7.5min	模具号码是否一致	一致

10只鞋子的资料见表6-15。

表6-15 10只鞋子的拉力测试 （单位：N）

1	46	41	39	43	51	50	53	47	42	45	48	50	47	52	46	41	46	44	43	47	46	42
2	49	41	43	51	58	46	54	49	51	47	46	51	55	50	48	40	45	38	42	37	41	40

（续）

3	49	45	39	44	49	48	51	49	46	41	43	57	53	61	53	47	51	46	51	45	46	42
4	40	42	41	45	49	51	44	43	49	51	43	50	46	44	47	43	45	50	47	43	46	41
5	46	51	45	57	63	57	55	51	60	62	58	60	57	54	51	48	50	47	50	52	46	47
6	48	54	51	42	56	48	63	57	60	49	51	48	41	43	50	49	51	46	54	43	46	44
7	42	40	41	37	41	47	51	45	43	45	46	42	48	43	47	46	49	41	35	37	42	39
8	41	40	44	46	48	49	40	39	41	43	46	44	40	46	47	43	48	44	41	46	42	46
9	40	48	36	41	52	56	52	49	51	47	56	53	50	46	51	47	49	40	47	36	44	37
10	49	40	47	44	51	62	51	56	47	53	42	49	40	43	41	43	50	59	41	44	41	38

基于油性胶的控制图与过程能力分析结果如图 6-37、图 6-38 所示。

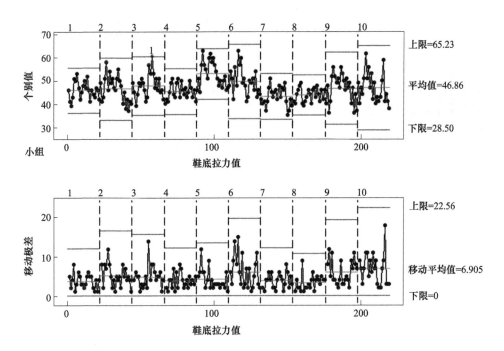

图 6-37 控制阶段基于油性胶的控制图

两周共生产了 21236 双鞋子，不良数 56 双，分析得出的过程能力 Cpk 值达到 0.93，可以看出足球鞋的拉力得到了整体改善，拉力值大幅度提高。

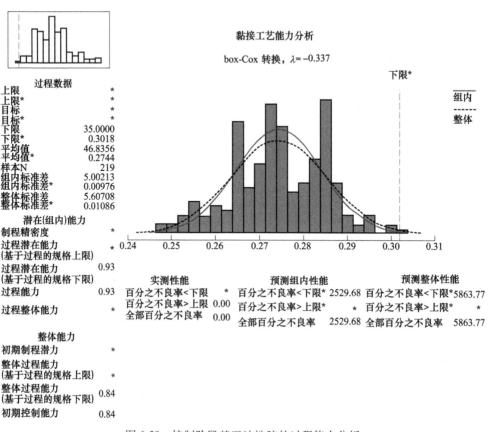

黏接工艺能力分析

box-Cox 转换，λ=−0.337

下限*

组内

整体

过程数据

上限	*
上限*	*
目标	*
目标*	*
下限	35.0000
下限*	0.3018
平均值	46.8356
平均值*	0.2744
样本N	219
组内标准差	5.00213
组内标准差*	0.00976
整体标准差	5.60708
整体标准差*	0.01086

潜在(组内)能力

制程精密度	*
过程潜在能力 (基于过程的规格上限)	*
过程潜在能力 (基于过程的规格下限)	0.93
过程能力	0.93
过程整体能力	

整体能力

初期制程潜力	*
整体过程能力 (基于过程的规格上限)	*
整体过程能力 (基于过程的规格下限)	0.84
初期控制能力	0.84

实测性能		预测组内性能		预测整体性能	
百分之不良率<下限	*	百分之不良率<下限*	2529.68	百分之不良率<下限*	5863.77
百分之不良率>上限	0.00	百分之不良率>上限*	*	百分之不良率>上限*	*
全部百分之不良率	0.00	全部百分之不良率	2529.68	全部百分之不良率	5863.77

图 6-38　控制阶段基于油性胶的过程能力分析